超 越
——我所经历的中国半导体产业发展历程

张岚 著

上海大学出版社
·上海·

图书在版编目(CIP)数据

超越：我所经历的中国半导体产业发展历程/张岚著.—上海：上海大学出版社，2023.11
ISBN 978-7-5671-4844-4

Ⅰ.①超… Ⅱ.①张… Ⅲ.①半导体工业—产业发展—研究—中国 Ⅳ.① F426.63

中国国家版本馆 CIP 数据核字（2023）第 199183 号

责任编辑　盛国营
封面设计　倪天辰
技术编辑　金　鑫　钱宇坤

超越——我所经历的中国半导体产业发展历程
张岚　著
上海大学出版社出版发行
(上海市上大路99号　邮政编码200444)
(https://www.shupress.cn　发行热线 021-66135112)
出版人　戴骏豪

*

南京展望文化发展有限公司排版
上海颛辉印刷厂有限公司印刷　各地新华书店经销
开本710 mm×1000 mm　1/16　印张12.5　字数145千
2023年11月第1版　2023年11月第1次印刷
ISBN 978-7-5671-4844-4/F·238　定价　58.00元

版权所有　侵权必究
如发现本书有印装质量问题请与印刷厂质量科联系
联系电话：021-57602918

序

集成电路芯片制造行业中最重要的生产资料便是设备。先进的设备可以实现先进的生产工艺，满足生产制程要求。

由于现代化集成电路芯片技术的发明和生产来源于美国等西方国家，而芯片的应用场景之一是先进武器的致导，如"民兵"导弹在采用了当时的芯片之后，准确率有了质的飞跃。根据相关协议，为了避免部分国家将芯片用于军用武器与装备，保持西方国家在芯片技术上的领先优势，西方设备企业只能出售落后于当前芯片生产技术的设备。具体来说，西方设备生产商在华经营既要受到设备出口的技术限制，又必须符合企业经营的商业逻辑，即竞争和盈利。在这对矛盾下，集成电路芯片的制造设备生产乃至整个半导体产业在中国的发展充满了艰辛和挑战，我国第一代半导体产业人是如何应对和解决并实现发展和超越的呢？

方渐华先生是在改革开放后赴美留学的技术人员之一，他出生于20世纪40年代，经历了战争、解放、动乱和改革开放，深深地爱着祖国，期望祖国发展富强。在美国的留学经历帮助他了解了当时整个半导体行业的水平、国内与世界的差距以及中外文化的差异。回国之后，他加入了美国设备生产企业，与中外同事们一起开展中国业务，克服了诸多挑战和困难，实现了企业的发展和超越，也为中国集成电路芯片制造行业的发展作出了相应的贡献。

方渐华先生是幸运的,用他自己的话来说:"我有幸经历了现代中国集成电路芯片制造发展的历史,见证了我们国家半导体产业发展的历程并为之做出了一点贡献,不仅仅是我,还有许许多多的同事们正在为此事业继续奋斗,我深感欣慰,我要为这批华人点赞。"

"指穷于为薪,火传也,不知其尽也。"记录前辈们的奋斗历程和精神财富,我辈接力传下去,是为序。

张　岚

2023 年 9 月

前言

　　史太公曰，"究天人之际，通古今之变"，是告诉我们要从历史的发展进程中找到规律，提炼出精华，并传承下去，从而生生不息。

　　中国半导体产业的发展也可以看作是历史的缩微版，从改革开放到2010年，经历了起步探索期、重点建设期、快速建设期，每个时期的标志性项目是哪些？在建设过程中遇到了哪些困难？这些困难是如何被克服的？

　　方渐华是60年代的大学生，80年代早期赴美留学，之后返回祖国，加入美国著名的半导体设备供应商艾美公司，与他的同事们一起开拓并发展在华业务，直至2010年从艾美公司退休。本书从半导体设备商的角度出发，间接地叙述半导体产业这段时期内的发展历程，以及类似方渐华等人在这段历程的标志性项目中所做的工作和贡献。

目录

第 一 章　飞越太平洋……………………………… 1

第 二 章　初到巴吞鲁日……………………………… 11

第 三 章　马里兰大学………………………………… 27

第 四 章　洛杉矶……………………………………… 41

第 五 章　辞职………………………………………… 51

第 六 章　加入艾美…………………………………… 59

第 七 章　马特之邀…………………………………… 65

第 八 章　外延炉……………………………………… 73

第 九 章　维修中心…………………………………… 89

第 十 章　设备博览会………………………………… 101

第十一章　释疑………………………………………… 109

第十二章　家宴………………………………………… 117

第十三章　困难………………………………………… 127

第十四章　中虹半导体……………………………………137

第十五章　住院……………………………………………151

第十六章　升职……………………………………………159

第十七章　捐赠……………………………………………169

第十八章　华芯……………………………………………177

第十九章　尾声……………………………………………185

后　记……………………………………………………191

第一章

飞越太平洋

"各位旅客,晚上好,欢迎搭乘美国联合航空公司从京城飞往东京的UA23号航班,从京城至东京的距离是2 100千米,预计飞行时间4小时25分钟,舱门已经关闭,请各位旅客系好安全带,收起小桌板,打开遮阳板,我们的乘务员将为您进行乘机安全演示,祝各位旅途愉快……"

听到空乘人员甜美的播报声,坐在后舱的一位看上去40出头的中年人放下手中的资料,仔细观看起空乘人员的安全演示,头脑里浮现着突发事件发生时,如何戴上氧气罩、穿上安全服、吹气、朝紧急出口的方向撤离的情景。他名叫方渐华,是个工程师,这是他第一次独自一人登上远赴重洋的航班,也是他生命中又一次极富转折意义的挑战:他将在东京、洛杉矶和新奥尔良转三次机,跨过太平洋,前往美国路易斯安那州州府巴吞鲁日求学。

方渐华看了看四周,机舱不算太满,只坐了2/3的旅客,大部分是白人,身旁靠过道位置上坐着的是一个大鼻子外国人。方渐华用带有一点俄语和中文腔的英语与这位外国人聊了起来。

"您好,我叫方渐华。"方渐华面带微笑。虽然知道自己的英语不地道,但是过往的经历让他学到了不少与人打交道的技巧。何况,多去做,多去试,多去拼,才更有可能多交到一个朋友,才更有可能让自己接触到与以往不同的学习领域。比起这些,失败和挫折又算什么呢。

"你好,我是马特,Matt Davis。"这位外国人也报以微笑。这个看似普通的却又敢于用英语和他攀谈的中年人似乎引起了这个金发碧眼的外国人的兴趣。

"我是第一次出国,去路易斯安那州立大学学习。"

"路易斯安那州立大学?不错,那是一座美丽的大学。"外国人蓝色的眼睛中原先还带有一些迟疑,但随后飞快闪过的一道光让方渐华想到,自己应该是找对了路子。

"您了解路易斯安那州立大学吗?"

"听说过,是非常有名的一所综合性大学。你去那里学什么专业?"

"半导体材料。"

"这个专业……我不太清楚。"也许是为了化解尴尬,外国人开始了自我介绍,"我是加利福尼亚大学圣地亚哥分校医学专业的,我们和京城的一所医院有合作,研究心血管疾病。"

"您对京城的印象如何?"

"京城的人非常友善,医生素质很高,就是医院设备比较落后。不过,这里的名胜古迹很多,很美,让我流连忘返。"

听到马特颇有些得意地用半生不熟的汉语一字一顿地讲了一句"流连忘返",方渐华忍不住笑了。

"你很喜欢中国文化?"

马特有些不好意思地摸了摸鼻子:"喜欢。不过我实在是太忙了,很少有机会学习。有一次医院办了一次参观活动,一个翻译教了我这句话。"

"这可是句……很厉害的句子,能学会这个,你一定学过中文吧?"方渐华不知道怎么用英语说"成语"这个词。

"哈哈,其实我只会这一句。"马特又露出了得意的笑。

方渐华暗暗有些吃惊:"你怎么学会的?"

"我工作的那个医院,有两个经常一起工作的医生,一个叫刘,一个叫王,剩下的两个字,经常练练就学会了。"

方渐华不由哈哈大笑起来。笑声引来了周围旅客的目光。他急忙停住了笑，不停地敬礼表示歉意。

"那，这几个字你会写吗？"虽然心里有了答案，但出于一种求证的本能，他还是问了。

"不会。"马特很诚实地回答了。

方渐华本来想告诉他这几个字该怎么去记，却发现自己一时也不知如何入手解释。正想着，却发现马特的目光落在了他手中的资料册上。资料册上金色与紫色的图案显得格外耀眼。

"你要在路易斯安那州立大学待多长时间？你怎么会选择路易斯安那州立大学的呢？"

"大约三年吧，我去做访问学者。选择路易斯安那州立大学是因为他们工学院的一位教授也就是我的导师，他对我的研究很感兴趣，接受了我的访学申请。"

"那你的导师很器重你啊，这是一件幸运的事。对了，你的目的地是巴吞鲁日吧？我由东京转机飞洛杉矶，再转机去圣地亚哥。"

"太好了，我是第一次出国，在东京转机能不能和你一起走？"方渐华是第一次出国，对旅程充满着不安和担忧。先前在家准备行李，就想着带什么不带什么，全家里人折腾了好几天，结果几乎把所有的东西都带上了。到机场后办理托运、登机，又是担心这个没带那个没拿。好在一切顺利，登上了飞机，但不知道后面还有怎样的流程。现在这样，至少在东京转机的这一段路上可以有个伴。

"当然可以。"马特大方地点了点头。

两人又聊了一会，马特渐渐合起了双眼。方渐华安静了下来，但此刻的他却毫无睡意，虽然现在已经是晚上11点钟了，他的眼前却浮现出了他同妻子、女儿道别时的场景。两小时前，在首都机场，妻子慧珍和16岁的女儿菲菲一起为他送行。

"要照顾好自己，女儿有我，你不用担心。"妻子慧珍的话语短促而哽咽。同许多妻子一样，慧珍贤惠、顾家、识大体。她们不会说什么浪漫的话，但是，你能感觉到她们的温柔、隐忍和自我牺牲。他明白自己这一去，家里的重担都落到妻子身上，她有着种种不安，种种不舍。这几日，从她时而匆匆忙碌、时而微微颤抖的背影，他能感受到她内心的慌乱，然而就在刚才，她给他的只有一个坚定的、全力支持的眼神。

"嗯，我会珍惜这次机会，争取多学一点东西，早日回国。"方渐华牵起妻子的手，安抚道。这一刻，方渐华不知道究竟是在安抚妻子，还是在安抚不安的自己。

"不用着急回国，你好好学，多学点，妈那边我会经常去看看的。"

"嗯，菲菲好好努力，争取考个好大学。"方渐华转过身，捏了捏女儿的肩膀。

"我会的，爸爸。"

"听妈妈的话。"

"这次厂里就只有你获得了留学机会，不容易，你要好好珍惜。"妻子慧珍一边低着头说，一边轻轻地帮他拍了拍肩上的灰尘。

"知道，我运气比较好，这些年一直在学习英语，考试侥幸过关，单位公费送业务骨干赴美进修，我一定会珍惜这次机会，好好学习，发挥才能。"

"嗯，我们等你学成归来。"妻子两眼闪着泪光。

"我会的，慧珍、菲菲。时间差不多了，我进去了。"方渐华拥抱了妻子和女儿，推着两个大箱行李朝候机楼方向走去。

回忆着和妻女离别时的点点滴滴,方渐华似乎有了些睡意,似梦似醒。慧珍和菲菲现在应该到家了吧,不知道她们现在睡了没有,希望接下来的日子她们都能安稳度过。我这边又会遇到些什么呢?真的能有所收获吗?会不会有负重托?或者,在美国这片技术之海中沉沉浮浮,流连忘返?不,不会,我一定是要回家的!昏昏沉沉,不知过了多久,方渐华被空乘员柔和的声音唤醒,开始享用起早餐来。

"各位旅客,早上好,我们已经平安抵达东京成田国际机场,现在是东京时间早上4:00,地面温度25℃,天气阴,需转机的旅客请在落地后根据机场大屏幕上的信息找到相应的转机口,感谢搭乘美国联合航空公司,祝旅途愉快。"

联合航空公司在东京的转机厅位于候机楼的西北角,到达口和出发口相隔百来米,时间还很充裕,马特和方渐华找了一个咖啡座,喝着咖啡聊了起来。

"第一次坐飞机感觉如何?"马特问道。

"不错,飞机上的快餐面挺合我口味。"

"嗯,比起快餐面,我更喜欢面包。"

"我们中国人就爱吃米饭、面食。接下来我恐怕有很长一段时间吃不到了。"方渐华有些惆怅地说,不过好在出发前妻子给他准备了一些方便面,能将就几日。

"不用担心,"马特倒是有些轻松地安慰他,"美国有中餐馆,还有些华人社区。如果实在不习惯美国的饮食,可以去那看看。现在中国开放了,相信会有越来越多的中国人来美国。"一番话让方渐华稍稍安了安心。

"那边是休息室？"方渐华的好奇心又上来了。

"是的，那是给常旅客准备的休息室，当你飞得足够多，航空公司会提供免费的休息室，里面有吃的、喝的，而且比较安静。"马特似乎是搭乘飞机往返于世界各地的常客。

方渐华点了点头，然后看向出发机口，发现候机的多数是日本人和白人，这里只有自己是中国人，莫名又开始心慌起来。他回头问马特："你知道从东京到洛杉矶大概要飞多久吗？"

"大概需要飞行14个小时吧，现在是夏季，北美那边是逆风，会慢一些，途中也比较颠，但愿一切顺利。"马特对飞行情况了如指掌，这一番回答又让方渐华安心了不少。

在喧嚣的转机厅，两人时而聊天，时而一起安静地观赏着来来往往的人流，不知不觉，刚刚认识的两人已经处得像老朋友似的。几个小时后，他们登上了UA21航班，这次两个人没有坐在一起，他们便约好了下飞机再碰面。

也许是因为先前一直处于不安的状态中，起飞后，方渐华很快就入睡了，他梦见了自己在海河市半导体厂当工程师的场景。他们厂主要生产的是收音机中的晶体管，厂子是国营的，效益比较好。但那时他并不满足，因为他知道，由于时代的原因，中国的半导体产业的技术已经落后西方许多，更需要他们这群人奋起直追。于是他向上级提出申请出国进修，想去看看美国的生产方式、技术和研发能力，多学点东西。梦中的他是那样渴望出国看看，甚至与自己的领导发生了争执，申请被一下子打了回来。被梦吓醒的方渐华出了一身冷汗，冷静下来后发现自己还好端端地坐在UA21航班的飞机上，这才让他再次定了定心，自己过往的经历再次浮现在眼前。

1959年方渐华考入浙江大学半导体工艺专业，1964年毕业。毕业后被分配到半导体厂的第一年，方渐华便下农村接受劳动再教育，跟着农民一起干农活，一起种水稻。虽然开始时有些不适应，但正是这段经历，让他学会了与人打交道的技巧，锻炼了组织活动的能力，培养了吃苦耐劳的精神。再不久之后，就遇上了"文化大革命"。其间，方渐华回到原厂主要做技术工作，从技术员干起，一步一个脚印，解决了一些技术难题。限于当时的政治形势，像他这样的知识青年是没有办法真正发挥才能的，但对他来说，这又是另一段珍贵的经历：在这十年里他专注于车间研究、生产，一日三班几乎都泡在车间里，每天长达16小时，这让他有机会了解半导体生产流程所涉及的各个方面，专业能力大为提升。在"文化大革命"结束后，国家落实知识分子政策，方渐华也成为厂里的第一批工程师，因为综合能力突出，后来又成为车间技术主任、技术科长。

又是那年，改革开放的春风吹拂大地，随着中美关系的变暖和改革的需要，方渐华接触了一些国外半导体设备商，认识到中外半导体产业的差距，希望能有机会系统性地去国外学习。1981年国家选派企业和机关技术人员赴美进修，方渐华参加了软件班、口语班和出国班，每周三个晚上花三个小时去上课学习，经过多轮考试、筛选和政审，终于搭上了这班赴美的飞机。

UA21航班顺利地到达了它的目的地。在洛杉矶机场，马特为方渐华详细指点了转机的时间、地点，叮嘱了他一些注意事项。确定了自己接下来的行程后，方渐华再次向马特道了谢。马特笑着取出纸和笔，写下了一串号码。

"这是我宿舍的电话。以后我们可以经常联系。有机会的话，欢迎你来我们学校看看。"

方渐华欣喜地用双手接过了纸条:"太棒了!等我到学校安顿好了便打电话给你。"这是一个好兆头,还没到目的地就结识了一个朋友,看来这次旅途一定能大有收获。

带着喜悦和对再次相见的期待,方渐华同马特道别,走向了飞往新奥尔良的UA4501航班的值机柜台。虽然现在又是独自一人了,但此刻心中的不安、慌乱已被欢乐、坚定取代。这次跨越太平洋的旅途一定会是不负期待的契机,对于他来说是如此,对于整个中国的半导体产业来说更是如此。

第二章
初到巴鲁
吞日

来新奥尔良接机的是一位日本留学生铃木一郎。铃木是路易斯安那州立大学工学院的一名硕士研究生，师从方渐华的导师保罗·戈班教授。戈班教授和方渐华在浙江大学学习时的导师张维景教授是麻省理工学院读研究生时的同学，张教授在20世纪50年代初回国教书，1978年开始便试着与戈班教授重新联系，联系成功后便趁着国内的这波新风潮向戈班教授推荐了自己的得意门生方渐华。戈班教授主要研究单芯片，在了解了方渐华的背景和工作经历后，表示愿意接受方渐华来校访学，并希望方渐华在芯片设计方面有所建树。

铃木开着一辆福特牌轿车来接方渐华。即使这辆福特车的后备厢很大，个子不高的铃木也是铆足了劲才把方渐华的两个大行李箱放了进去。仔细地关上后备厢的盖子后，满头大汗的铃木快速地吐了口气，利索地坐上驾驶座，笑着说道：

"您把家都搬到美国来了？"

"是的，我们国家还很穷，必须要用的那些，能带的我都带上了，所以，东西比较多。"副驾驶座上的方渐华有些尴尬。

"知道。您是我认识的第一位从中国来的学生，而且，还是一位长者。"铃木有着日本人一贯的礼貌。

"但在专业上，我可是个后生，我还要向您学习。"

"您说笑了……要不我为您大致介绍一下学校的情况吧。"铃木边说边发动了汽车。

"好的，谢谢。"

"路易斯安那州立大学是美国最美丽的大学之一,距离新奥尔良不远,开车约1个半小时,是路易斯安那州的标志性大学。学校占地面积800多万平方米,至今已有超过100年的历史,学校有200多个学科和专业,全美综合排名在前100位。巴吞鲁日虽是州府,却是一座安静的小城,西南部主要是大学。"铃木一边开着车,一边侃侃而谈,似乎已经在路易斯安那州立大学待了挺长时间了,对它了如指掌。

"戈班教授的团队主要是研究单芯片设计与制造的,共有8位研究生,其中3位是博士研究生。"铃木继续介绍道。

"对了,先考虑下住宿的问题吧。学校的宿舍比较贵,约1 500美元一个学期,而且不方便做饭,必须得提前预订,最好是租学校附近的民宿。"铃木为初来乍到的方渐华出谋划策。

"从哪里能得到租房的消息呢?"一想到落脚的地方未定,方渐华突然心里有些着急。

"学校礼堂外面的广告墙上面就有租房信息。这些民宿的租金大多在每个月150美元左右,相比学校的宿舍,算是便宜不少的了,而且还能自己做饭,那里是居民区,购物也方便。"

不知不觉间,铃木的车已经从高速公路驶入了巴吞鲁日的城区。巴吞鲁日的街道两旁都是高大的橡树,这些具有百年历史的大树枝繁叶茂,将整个街道遮盖起来,成群的鸟儿就在这些浓密的枝叶间自在飞舞鸣叫,声音响亮、嘈杂。恍惚间,方渐华仿佛感受到了某种力量的召唤,自由、欢腾、活力……一个个名词从他眼前跳过,让已经年过四旬的他有了一种重生的激动。随后,一座高高的钟楼慢慢移入了方渐华的眼帘。

"那里便是路易斯安那州立大学的主校区了。"铃木一郎的声音突然有了一丝活力,一改之前的平稳,让方渐华从遐想中回到了现实。

"那座高高的钟楼便是学校的标志性建筑,也是整个路易斯安那州的标志性建筑,大概有50多米高吧,它是学校的独立战争纪念塔。有空的话,你可以去那里逛逛,在那里可以看到整个学校的景观,真是美极了!"铃木话语中的活力感染了方渐华,他不由自主地望向了他。原本只是平和微笑的他,眼中闪过了点点亮光。这个地方那么有吸引力吗?他不由地想。

"钟楼每过半小时就会鸣响一次,听,就是这个音乐。"有一瞬间,铃木似乎有些走神,但很快又恢复了平和的表情,"现在已经是下午五点了。方先生,我们快要到学校的招待所了,那里,转个弯就是。"

到达目的地后,方渐华从车后取出行李,给了铃木30美元车费。铃木将钱整齐叠放后收入钱包,并从口袋里拿出一张名片双手递给方渐华:"谢谢。戈班教授下周三上午10:30会在他的办公室见您。这是他的名片,如果您有问题也可以打电话给我。再见。"很快,铃木的车便消逝在街道浓密的橡树尽头。

车费是先说好的——托戈班教授找学生接一下,忙是可以帮,钱却一分不能少。自己每月生活补贴850美元,包括食宿、交通、书本资料、电话等,应该刚刚够。天渐渐暗下来,方渐华一边在心里盘算着未来的生活支出,一边将行李慢慢地拖进学校的招待所。招待所的房间45美元/天,他定了两天,在这两天里,他要尽快找到合适学习又比较便宜的地方安顿下来。他再次算了算账,手中的500

美元坚持不了太久,可能都等不到下周三了。招待所这边就要支付90美元,租房的定金可能要两三百美元,再加上出租车、吃饭……天啊,老方同学。方渐华不由地叹了口气。正想着,方渐华听到了自己的肚子发出了咕咕的叫声,这才想起来,美国国内的航班没有餐饮,他已经一整天都没有吃饭了!匆匆放下行李后,他急忙烧水,从箱子里取出从北京带来的方便面,找茶缸子,倒开水,没等几分钟便开始狼吞虎咽地吃了起来。

到了约定的周三上午10:15,方渐华来到了戈班教授所在的爱普生楼。爱普生楼是一座石头外墙的老房子,是由一位名叫爱普生的校友捐赠的教学楼,共三层。戈班教授的办公室在105室。方渐华敲了敲门,里面传出请进的声音,方渐华推门而入,一位女士正在看桌上的文件,她转移目光看了他一会儿后说道:"你是来自中国的方先生吗?"

"是的。"

"欢迎你。我是凯西·罗吉,戈班教授的秘书。这里是你的入学指南。你的谈话时间是10:30—11:30,和戈班教授谈完后,请你回到我这里领一下资料。"

"好的,谢谢。"

"戈班教授现在正在会客,请你再等一下。"

"好的。"

……

一个学生模样的人从戈班教授的办公室里走了出来。凯西进去一会儿之后,走出来笑着对方渐华说:

"戈班教授请你进去。"

"好的,谢谢。"

方渐华走进戈班教授的办公室,一张老式的书桌上面有几本打开的书和一堆文件,背后是塞得满满当当的书架。戈班教授微笑地看着方渐华说:"欢迎,方渐华!"

"谢谢,戈班教授。"

"你的旅途还顺利吗?"

"非常顺利,我来之前去杭州见到了张维景教授,他让我代他问候您。"

"谢谢。我们是麻省理工学院的老同学了,多年未见面了,去年才恢复了联系。我知道他在研究半导体材料,他还好吗?"

"张教授很好,他说他近年来几乎荒废了,自己在研究方面也落后了,正在学习,他也希望我定期向他汇报在您这里学习的情况。"

"好,说说你的想法吧。"戈班教授赞许地点了点头,开始进入正题。

"我出国前在天津半导体厂从事晶体管设计、制造工作,从文献资料上看到,美国已经量产的 64 kb CMOS SRAM 芯片目前在全球处于领先。我希望能了解芯片设计、工艺、发展的历史以及趋势。"

"美国的芯片发展很快,芯片的应用也比较多,尤其是在军事上。鉴于你从中国来,实验室的设备没有我的同意希望你不要动用,请你理解,这也是学院的决定。"说到这里戈班教授突然停顿,看了一眼方渐华,便接着说:"我主要研究芯片的制造工艺。你先学习一下相关的设计理论。芯片生产设备是实现工艺的途径,学完理论之后再去学习一下相关的制造工艺和设备。"

方渐华的内心其实是有些失落的。尤其对于他这个从大学起就与无线电、半导体打交道，习惯了与大学里的师生、厂里的同事一起研究、动手解决各种生产工艺方面问题的工程师来说，不能触碰设备是一件多难忍受的事啊。况且，到底要到什么时候才能碰这些机器，什么时候才能学到美国芯片技术的精髓呢？尽管心里很急，但方渐华知道欲速则不达的道理，要获得导师的信任，不能急于一时。

"好的，那我如何入手开始学习？"他尊重导师给他立下的规矩。

"先去听听课吧，4字头以下的课是本科生的课程，5字头是研究生的课程，你可以找凯西要课程表，这些课程你都可以去听。"

"好的。"他暗暗地想，其实这样也好，把理论知识先学扎实了，对将来的实践操作必定有很大的帮助，绝不能贪快冒进。

"另外，每周一下午4:00—5:00我们系有讲座，请相关业界的同行来学校讲一些产业的挑战和机遇，参加者多为研究生和高年级的同学，你要是愿意，也可以一起参加。"

"好的，谢谢戈班教授。"方渐华仔细地听着教授说的每一个字。现在对他而言，每一个学习的机会都是难能可贵的。

"我们以后每个月都面谈一次吧，具体时间可以与凯西协调。"

"好的。"

"祝你学习愉快。"

从戈班教授的办公室出来后，方渐华向凯西索要了课程表，粗粗一看，课程太多了，一时不知如何选择。他想了一下，又向凯西要到了戈班教授的研究生名单与email地址，当看到铃木的名字时，他笑了笑，心里有了主意。

走出爱普生楼，方渐华顺路去了学校的图书馆。图书馆不大，一共五层楼。一楼和二楼是接待厅和主办各种活动的场所，三楼是自然科学的期刊借阅览区，四楼和五楼都是藏书和自习桌，很多同学都在这里自修，非常安静。

图书馆后面是由几栋古老的教学楼围成的院子，中央是一棵巨大伸展的橡树，下面摆着供学生休憩的凳子，三三两两的学生，惬意地坐在树下的凳子上认真读书，一旁巴洛克式喷泉轻柔地流淌着泉水。

方渐华感觉自己又回到了学生时代。他想起了在浙江大学求学的日子。五六十年代的浙大，群山环绕，几幢高大的教学楼在山脚下安稳地伫立着。教学楼旁也有一片树林，课余之时，同学三五几个会在那里闲聊、散步，放松一下身心，偶尔会获得意外的灵感。虽然浙大校园的环境比不上这里的幽静雅致，但是那种一心求知、畅游于真理之海的快乐却是一样的，也是身处象牙塔之外的人感受不到的。从某种意义上，大学是人类社会的乌托邦，在这里你可以远离世俗的嘈杂，静心地探求这个世界的规律，但大学又不只是个乌托邦，在这个瞬息万变的时代，如果不能及时跟上技术的革新，别说大学，就连整个国家都有可能会被淘汰。一想到这，方才轻松片刻的心情又沉重焦躁了起来，方渐华低头翻看起了戈班教授的研究生名单，他决定立马回去给铃木发邮件，他要快点找到自己的进修之路，不能白白浪费了这个机会。

周五傍晚室友们都外出活动去了，方渐华在租住的房间里准备了一些小菜和一瓶二锅头，准备宴请铃木一郎，向他好好讨教一下研修方面的问题。

时间一到，铃木一郎准时地出现在了门口。他手中还拿着一盒糕点，说是家乡的亲人托人带来的，要请方渐华一起尝尝。方渐华欣然接过了礼物，将他请到桌边，为他斟上了酒。

"铃木先生，感谢您去机场接我，敬你一杯。"

"谢谢，方先生，和您认识是我的荣幸。"铃木托杯而起，毕恭毕敬地和方渐华碰杯。

一杯酒下肚，铃木的脸开始微微泛红。

"您来这边有很长时间了吧，上次在车里听您滔滔不绝，感觉你对这里非常熟悉。"借着酒兴，方渐华也开始放松起来，一边用着不太流利的英语，一边时不时地插着汉语。不过这不是问题，在上次接机的时候，他惊讶地发现，铃木居然会讲汉语，虽然也不是很流利，但对他来说，简直就是个大救星，所以上次铃木跟他絮絮叨叨讲了一大堆，两人居然能大概听懂对方表达的意思。

"其实我只在戈班教授手下做了一年的研究生，但是因为本科时期曾在这里读过书，所以对这里还有点了解。"铃木一边说道，一边开始点头。

"原来是这样，真是不好意思，实不相瞒，其实我请你来，不只是为了感谢你，还有事想向你请教。"看到铃木一郎一脸认真地直起了身体，方渐华赶紧开始询问起如何选课的问题，"我和戈班教授谈过之后，决定先选择那些关于芯片设计的理论课，随后准备去了解芯片的工艺和设备。但是，我的英语水平有限，勉强能听懂日常的对话，但碰到专业的课程、名词，就比较吃力。凯西给我看了课程表，课程数目超出了我的想象。我想请教一下，这些课中，哪些课程是比较容易听懂、思路比较清晰、容易通过考试的？"

铃木一郎听懂了他的话。不知不觉间，他已经喝了好几杯酒，开始慢慢显露出了年轻人的善良与活力。他让方渐华拿出了课程表，跟他讲述了他初来时踩过的坑，全面分析了课程专业设置情况、课程内容、课程深度以及每位教授的教学能力。方渐华一边听他讲，一边在课程表上做上了详细的笔记。两人花了一个多小时，基本确定了方渐华该选哪些课程。

方渐华一脸满足地看着桌对面有些开始手舞足蹈的铃木一郎，再次表示了深深的感谢。铃木带着醉意说道："不用跟我那么客气，方先生，其实呢……我很高兴认识您，真的，从中学开始，我就开始接触中国文化、学说汉语，我一直期盼着能和一个真正的中国人有一次交流。"

一丝暖意在方渐华的心里涌上来。他知道历史，他也知道现在，他更能深刻地体会到对面这个日本年轻人的真诚和善意。他提起了自己的儿时，提起了自己从小长大的地方——申城，提起了自己的求学经历，提起了自己对于新技术的热烈向往……不知不觉间，他忽然觉得自己也变年轻了，和对面的这个日本青年有了朋友般的热情。

"上次听你提到钟楼时好像特别开心，您是喜欢音乐吗？"方渐华突然想起了铃木那时的眼神，又开始好奇起来。

"是这样的，我小时候生活的地方是一片工业城区，有一座像这样的钟楼。小的时候一放学，就喜欢和同学一起去钟楼里玩耍，有时还会玩一些探险游戏……"说着说着，铃木的脸上再次露出了那个飞扬的神采。

方渐华像是想到了什么。"你知道吗？申城西部的某片区域，也有一座自鸣钟的钟楼，是日本人建造的，每隔15分钟会自动报一次时。钟的周围都是人来人往的商店，非常热闹。只是在后来城区改造的时候，这座钟楼被拆除了。"

铃木一下子来了兴趣，但当听说钟楼已被拆除时，眼里的光又渐渐暗淡了下去。

"不过，申城还是留下了许多日本人的产业。如果有机会的话，希望你去申城看看。如果那时我也在申城的话，我一定带你到处看看，还有一定要去尝尝申城的小笼包。"

两人欣然约定。那一晚，铃木很是尽兴。方渐华搀扶着他，跟跟跄跄地送他回到了自己的住处。

按照铃木的指点，方渐华顺利地报上了课，也顺利地跟上了每门课程的步伐。这是个不错的结果，这证明当初制定的策略是有效的——只是偶尔有的时候，方渐华总忍不住会往实验室的方向瞟两眼，或是在其他研究生做实验的时候偷偷瞄两眼。很久没碰过机器了，让他手痒痒。看书看累的时候，他会去校园逛逛。他目前住的地方离购物区很近，但是他更希望能在校园里多思考一下理论技术方面的问题。他常常会路过一个小型的圆形露天剧场，这里常常会上演一些古希腊戏剧作品。在不远处有两个小小的圆丘，这两个六米高的圆土堆据说是五千年前印第安人用双手堆出的，是印第安人祭祀、安葬酋长等重要人物的地方。但奇怪的是，对这两个圆丘的考古挖掘却是一无所获。神秘，是方渐华对这两个圆丘的印象。因为不知道它们的功用，如今这两个土堆只是一片让人自由玩耍的绿油油的草坪，但以后呢，会不会有新的发现或新的理论，为这两个土堆找回它原先的意义？就如同对这个世界规律、技术的探索，即便在某一刻停滞了，但又会在未来的某一刻，重新启动。方渐华有时会好奇路易斯安那州立大学校徽上的紫色和金色，他不明白这两种颜色代表什么意义，不过听说是和学校对知识的追求息息相关。这一点他倒是能切身体会，这里的学生、学者，对于知识的渴求、钻研有时甚至让他也自愧不如，在这样的氛围下，他更是废寝忘食地投入到对理论知识的学习中去了。

时间就这样缓缓流逝。在第一个学期快结束的时候，戈班教授突然召开了一个紧急会议，等方渐华到的时候，发现自己是最后走进会谈室的那个。

"我们的这台示波器出现了故障，"戈班教授的一位伊朗籍的博士生说，"我打电话给厂家，厂家说要将仪器运送到旧金山，由他们进行全面检测和修理，然后再送回来，估计要两个月左右，但是本学期还有三个星期就结束了，没有设备，我们无法完成相关的实验，也就无法取得这个学期的成绩。"

"大家看看有什么办法，"戈班教授说，"显然，设备这时候要是选择休息，会影响你们的成绩。"

研究生们立刻讨论起来，最后的结果是两种方案，一是请厂家立刻再运一台新的给学生先用，二是向学校申请追加费用，请厂家派工程师团队来学校检测修理。

戈班教授显然对这两种方案都不满意，再次环视一圈后，他看向了后排的方渐华："方，你有什么建议吗？"

方渐华在国内见过类似的设备，但鉴于戈班教授第一次谈话时对于实验设备的规定，方渐华恳请教授允许他去看看损坏的设备并做一些简单的测试。

"我估计是电源控制的晶体管坏了，请厂家寄来这只支晶体管，我们换上去试一试，如何？"检测后，方渐华给出了自己的建议。

戈班教授立马接受了方渐华的建议，当天就联系了厂家。

第三天，新的晶体管到了，方渐华在戈班教授的授权下换上晶体管，设备的示波器又开始工作了。当示波器屏幕亮起的那一刻，在场的研究生个个都投来了惊讶和赞叹的眼光。方渐华看到铃木一郎冲着他竖起了大拇指，忍不住笑了，这天的他终于有了种扬眉吐气的感觉。在离开实验室返回住处的路上，他特意绕路去了"老虎"体育场。体育场的西侧养着一只孟加拉虎"迈克"——路易斯安那州立大学的吉祥物。方渐华冲着"迈克"大声地打了一个招呼，全然忘记了自己已是一个中年人。好在那天的"迈克"无意理他，只是自顾自地睡觉。方渐华没有因此而受影响，同样自顾自地哼着歌，往自己的住处走去。

戈班教授在此之后向学院申请撤销了方渐华不能动实验设备的规定，还邀请方渐华参与更多的相关研究。

5月，天气渐渐热起来了，方渐华此时正在戈班教授的办公室进行一对一的讨论，"方，这一年你表现得不错，说说你下一步的计划吧。"戈班教授依然像第一次对话时那样微笑地看着方渐华，只不过现在，他们已经相当熟悉了。

"感谢戈班教授的悉心指导。目前我对单芯片的设计、工艺和制造设备有了一定的认识和了解。我是从半导体厂出来了，还希望从事芯面生产工作，但是我的理论基础依旧不扎实，很难有突破。我在思考将来的职业，从哪个方向更可能出成绩。"

"芯片生产主要是靠设备，当然其他方面也很重要。"戈班教授坦言。

"嗯，是的，设备是去实现工艺和生产制造的关键。"

"我在马里兰大学有个学生，他在那里做副教授，Dr. John Sun，他是负责集成电路生产研究的，你如果有兴趣，我可以推荐你去他那里学习。"

"好的，谢谢戈班教授，麻烦您帮我引荐。"方渐华有些感叹，不知不觉，一年的时间到了，这是他最后一次与戈班教授的谈话。虽然内心微微有些不舍……对教授、对朋友、对这里刚刚开始熟悉起来的一起，不过，一想到接下来还有更多将要面临的挑战，他心里又燃起了一团热火。

路易斯安那州立大学

第三章
马里兰大学

1983年的夏天，方渐华来到马里兰大学的詹姆斯·克拉克工学院孙约翰博士的办公室。有了一年访学经验的他，此刻已经不再感到局促不安。同路易斯安那州立大学一样，马里兰大学的校园非常美丽，充满了学术气息，而且，这所大学非常重视与中国的关系。据说早在1915年，这里就有来自中国的留学生陈纯钧。1972年4月，中国乒乓队在马里兰大学打表演赛，成为中美"乒乓外交"重要的一站。如今，站在他面前的，是一个和他有着同样血统的年轻人才，方渐华的内心突然感到一阵涌起的波涛，无法瞬间平静。

"您好，孙约翰博士。"方渐华试探性地说了一句汉语。

"您好，方先生。"虽然口音有些不同，但是干净的发音让方渐华相信，他们可以用中国人的语言沟通。他再次握了握对方的手。

"感谢您能接受我的申请，戈班教授让我向您问候。"

"谢谢，我和我的老师聊过您的背景和需求，您能具体介绍一下您下一步的期望吗？"一边说着，孙约翰一边把他引到了自己的书桌边。方渐华看了眼他的桌面，书桌的一端放着一个书架，里面或横或竖地堆放着一些书籍、文件，桌上的台式电脑旁端端正正地放着一叠纸，上面用一本厚重的书压着，书桌的另一端仅仅放着一个盆栽，还有一张家庭的合照。

"可以的。我以前是海河市半导体厂的工程师，在海河市，我们主要生产三极管。来美国后，我看到了与美国的差距，我在戈班教授那里学习了单芯片的设计、工艺和生产设备方面的知识，但是对于如何实现规模化生产，我知之甚少。"方渐华坐进了书桌前的椅子里，他的目光顺着前方停留在了坐在书桌另一边的孙约翰身上。

"集成电路发明的重要起点是什么？你知道吗？"孙约翰双手放在书桌上，端坐着看向方渐华。孙约翰身材中等，脸上带着不是太明显的微笑，像是在盘问。现在是盛夏，他穿着一件白色的衬衫，虽然汗水有些浸湿了衣服，但是总的来说不会影响到整个人的整洁、体面。也许是同胞的关系，方渐华感觉自己特别在意这个年纪略小于自己的青年俊才，他觉得这个年轻人的身上有种稚气未脱的认真。

"知道一些，最早是应用在导弹上，仙童半导体平面控制设备首次提出了互补式金属氧化物半导体技术，其特征是静态电源功率密度低、工作电源功率密度高，从而形成高密度的场效应真空三极管逻辑电路。"

"很好，请继续讲下去。"孙约翰博士投来赞许的眼神，微微点了点头。

"把多种组件放在单一硅片上将能够实现工艺流程中的组件内部连接，这样体积和重量就会减小，价格也会降低。晶体管集成度每18个月翻一番，即摩尔定律。我正在写一篇关于超低温砷化镍特性测试的论文，请您指正。"方渐华一鼓作气地说道。也许是意识到自己方才有些走神，他迅速地把思考都放在了专业的回答上。

"论文准备解决什么问题？"孙约翰博士问道。

"想做一个比较，硅基和砷化镓基的比较。"

"很好，把文章发给我，我看一下。戈班教授说你对规模化生产有兴趣？"孙约翰的手指轻轻敲击着桌面。

"是的，芯片设计我是做不来的，我想把学习的重点放在生产制造上。"方渐华的双手一直交叠着放在书桌上，原先以为对方是后生，谈话时能轻松点，但没想到后面渐渐感觉到了一丝压迫感，让方渐华微微有些紧张起来。

"生产的关键是设备，多个设备之间的搭配、交叉。我正在做国家实验室6英寸线集成电路芯片生产咨询工作，我可以带你去看看，但是，请不要将所学的技术用于军工方面，能答应我吗？"好在孙博士并没有像戈班教授那样给他太多限制，让方渐华松了口气。自己来美国的主要目的只是为了学习、扩宽视野，用于军工方面本来就不是他的目的，因此完全不需要犹豫。

"完全可以，民用的应用场景很多，我绝不涉及军用武器研发和制造工作。"

"好吧，修课的事去找我的秘书卡罗尔吧，我们每月见一次。"

"谢谢您。"离开的时候，方渐华突然觉得，刚才的场景同自己初见戈班教授时颇有几分相似。

深秋的一个傍晚，方渐华和孙约翰博士从美国国家实验室6英寸线集成电路芯片生产厂房走出来。方渐华是比较震惊的，一方面他感到中美之间在半导体制造存在巨大差距，另一方面，他也看到了中国市场巨大的发展机遇。

"感觉如何？"

"太震撼了，先进的设备，精细化的管理，让我开眼界了。"深秋的傍晚，空气中已经带有了明显可见的凉意，但方渐华一心沉浸在方才见到的有序运行的车间中，完全体会不到这些凉意。他没有留意到自己脸上满是神采的笑容，但似乎被孙博士看到了。

"下周一，王安博士会来学院，在125室做一个研讨，是有关规模化制造的。王安博士也是华人，现在在艾美半导体任职，你可以去听听。"孙博士不紧不慢地说着，一如往常那样温和，看不出过多的表情。

"好的！我一定准时参加！"方渐华依旧沉浸在刚才的兴奋中。孙博士看着他，仿佛看到了一个挖到了宝贝的小孩子。

周一下午4点，方渐华来到了125室，125室是一间阶梯教室，半圆形的座椅由低向高排开，分中区、南区和北区，可容纳60人，讲台前面放了一台投影机。孙约翰博士简单介绍了王安博士的履历之后，便把讲台交给了王安博士。

随着王安博士走上台，方渐华看清了这个人的长相：和他相仿的年龄，黑色眼睛，黑色头发，西装笔挺。王安博士除了对着台下的人扫视了一圈，没有其余的动作。他一开口，镇定、不带任何犹豫的语气让方渐华印象深刻。

"谢谢孙约翰博士的介绍，在座的各位，下午好！很高兴来到马里兰大学，和大家分享我们在企业生产、研发中遇到的困难以及我们的解决方案。如果大家有更好的方法，请不吝赐教，我们一起研究。"

王安博士打开了投影机，演讲的主题是"物理气相沉积设备制造的挑战与策略"，方渐华仔细听着演讲，思考着王安博士提出的如何缩短沉积时间的问题，然后印证演讲人的答案。一有念头闪过时，他就飞快地拿起笔，记录了自己的想法，以防它转瞬而逝。刷刷地写完之后，方渐华一抬头，瞥见了坐在教室另一角的孙博士，他正紧锁眉头，单手撑着下巴，目不转睛地盯着台上的演讲人。

美国的企业经常走进校园宣讲，一方面是增大企业的知名度，另一方面也来学校看看能否与学校共同解决一些技术困难。当然，从学生中招募新生力量也是其目的之一。在讨论环节中，方渐华举手询问王安博士："如果在一台该设备中增加一个反应腔体是否可以减少相同机台的数量、从而提高效率呢?"

王安博士面对着他,仔细听完了他的问题,若有所思地停顿了几秒便回应道:"嗯,有可能,我们回去可以朝这个方面试验一下。"随后便同另外一个举手的学生交谈起来。

散会后,正准备离开的方渐华被台上的王安博士叫住了。

"你叫什么名字?"他开门见山地用英语问道。一旁的孙博士连忙上前介绍道:"他叫方渐华,是来我们学校访学的中国留学生。"

"中国人!"王安博士原本有些急切的脸上似乎更多了一丝兴奋,开始用汉语同他交流起来,"是老乡啊!没想到能在这里遇到老家来的人!"

他开始询问起方渐华的经历,得知了他的学历、工作背景以及来美国求学的目的后,欣然留下一张名片,又紧紧地握了下方渐华的手。

"希望能再次相见!"

离开教室的时候,已经是晚上10点了。方渐华又看了一眼王安博士留下的名片,名片上"艾美"这个名字如同披上了一层神秘的光,让他一时间挪不开眼。

第二天中午的时候,方渐华心情格外好。在窗外暖阳的召唤下,他逛起了离学校不远的华盛顿市区。商店、图书馆、博物馆、公园……一圈下来,让不太外出的方渐华有些接不上气。半路上,方渐华突然想到,来美国快一年半了,他几乎都泡在学校图书馆、实验室,很多其他的场所都没去过,太可惜了。如果能在美国考出驾驶证就好了,一方面生活采买方便许多,一方面万一有突发事情要远行,自己开车会方便很多。

正想着，方渐华不知不觉走到了学校的McKeldin图书馆前。图书馆前趴着马里兰大学的吉祥物Testudo的雕塑。说起马里兰大学的吉祥物，非常有意思，是一只金刚背泥龟。Testudo的意思是"有保护性的壳"，马里兰大学的学生在考试前都喜欢摸摸Testudo的鼻子或者摆放食物、鲜花等，可以求得好运，就和中国人拜孔子庙一样。方渐华正看着眼前那些在祈求好运的学生们，突然一个有些熟悉的身影进入了他的眼帘：金一？

一个有些憨头憨脑的亚洲脸孔的学生正在雕像面前合掌，念念有词，面前还放着一些……面包？

"嗨，金一，你这是在干什么呢？"方渐华上前和他打了个招呼。

"是您啊……方先生。"金一犹豫了一下。不过好在方渐华知道他为什么犹豫。韩国是个尊重礼仪的国家，对于年长的人，一般都得用尊称，但美国没太多这方面的讲究，英语只用一个"先生"基本就过得去，对于他这样的年龄较大的同级同学，金一这个韩国人可能依旧有些适应不过来。

"我的导师突然和我说，我的论文似乎有些问题，需要谈谈，我有点担心，所以……"金一脸上有些苦恼。

"论文怎么了？"

"不知道，下午接到的通知，让我明天早上去见见他。太突然了，我只能买了这些。"金一指了指雕像前的面包。

方渐华忍住了想笑的冲动，安慰他道："我们中国有句话，船到桥头自然直。既然教授让你明天再去找他，说明这个问题来得及纠正。明天找到教授好好聊聊就是了。"

金一有些狐疑地看着他。

"而且你看，你一听说有事，就来这里祈祷，多有诚意啊。

Testudo一定会保佑你的。"看到金一仍然有些疑虑的样子，方渐华也有些尴尬，忙说着自己还有事，匆匆离去。

晚上忙着看书、看论文实验数据，方渐华很快把这事忘了，直到第二天中午在学校里再次遇见金一，方渐华才想起来，并且尴尬地不知道是不是该上前打招呼。

不过金一倒是很欢快地和他打了招呼。

"您说的对。"他说道，"教授只是让我修改一些小问题。我昨天是自己吓自己了。"

"哦，那就好。"

"对了，昨天您说的那句中国话叫什么？船到哪里？"

"船到桥头自然直。意思是不用着急，有问题可以慢慢解决。"

金一一脸恍然大悟的样子："船没有，车行不行？"

方渐华尴尬地笑了笑。

"对了，您这是要去哪？"金一似乎发现了方渐华有些匆忙要走的样子。

"要再去趟国家实验室的芯片厂房，孙博士在那里等我。"

"我有车，要不要我送您？"

"这怎么好意思。"早上整理了实验室数据，弄得很晚。说实话，方渐华心里有些着急，但是出于礼貌，他觉得还是不要轻易打扰别人比较好。

"来吧，听说那个实验室还挺远的，您带路就行了。"方渐华感激地点了下头。

金一开着一辆丰田二手车，一路上还哼着歌。

"您是跟着孙博士学习的。您觉得他这个人怎么样？"

怎么了？方渐华有些奇怪，为什么扯到孙博士身上了。

金一微微转过头,看到了副驾驶座上方渐华的表情,他继续说道:"我之前在走廊遇到过他。说实话,他的才学真是让人佩服,但是不太笑,让人觉得有些怕怕的。"

"中国人比较含蓄。而且,他专注于自己的专业,做事有原则。"方渐华想起了自己初见孙博士的情形。那时,孙博士确实给他带来了一些压迫感,但后来觉得,这是人家专业性的表现,够得上"顶尖"二字。

"我觉得你们中国人都很厉害。还有上次那个王安博士,在艾美这么厉害的企业,一定非同凡响吧。"金一的脸上流露出向往的神色,"有空的话,也给我讲讲你们的中国文化好吗?"

方渐华突然想到了什么,他问金一什么时候考取的美国驾照。

"我是来美国的第二年考的。第一年比较忙。"

"考驾照麻烦吗?"

"还行吧。"一看方渐华对驾照的事感兴趣,金一开始和他聊起了考美国驾照的一些事宜,不知不觉间,就把他送到了实验室那里。

下车后,方渐华向金一道了谢,并邀请他第二天晚上来自己的住处吃一顿晚饭。金一连忙摆着手说自己只是举手之劳,何况也是答谢他昨日对自己的开导。

"再小的事也要表示感谢。你不是想了解中国文化吗?我准备做几道中国菜,好好招待你。"

金一也不好再拒绝。

方渐华当然是有自己的打算。从之前与铃木一郎的交往中,他看出来,宴请客人的确是拉近人与人距离的一个好机会。所以这次,他特意跑去了华盛顿特区的唐人街上买了一大堆食材,包括一条草鱼。那天晚上,他用尽浑身解数做了西湖醋鱼、红烧狮子头、炸酱面，让金一大为惊叹。

"好吃好吃。"他瞪大了眼睛说道，"我觉得，您在唐人街开饭馆也行。"

"那你可过奖了。我这是跟我太太学的，她的手艺比我好多了。当然了，要论厨艺，我们夫妻俩都比不上真正的大厨。"

"您有这样的太太，真是有口福。"

"她正在准备手续，准备明年来美国陪读。"方渐华停顿了一下，"到时候，让她再为你做几道更地道的中国菜。"

"那怎么行呢，那样太麻烦你们了。"

"不麻烦不麻烦。我太太在国内一直都很辛苦，等她来了，也好带她到处逛逛。"

"您对您太太可真好。"

"我准备先考个驾照，再去买辆二手车。"

"嗯。"金一突然像是感觉到了什么，抬起了头。

"能不能请你教我开车呢？我以前在厂里开过小皮卡，主要是搬设备用的，有些驾驶的基础，我想找个人教一下应该就可以把驾照考出来。"方渐华有些局促地向他提出请求。一秒过后，金一突然笑起来，用力拍了一下他的肩膀。

"没问题，小事一桩。"说完张大嘴吃了一口面。

方渐华有些不好意思地问道："那……能不能借你的车去参加驾考？想先把证考出来后，再放心地去买一辆二手车。"

"没问题，您可以用。不过，我也希望……"

"明白，你想学中国文化。等我妻子来了美国，我可以让她教你做各种中国菜。"

金一微微摆了摆手："不不不，方先生。很感谢您。中国菜很好吃。不过说实话，我更喜欢的是中国武术。"

方渐华一下子懵了。原先看着金一的样子，以为他会对美食感兴趣，看来他是想错了。

"我喜欢李小龙。前些年看过他的电影，他的那些功夫，真是令我佩服不已。"

"那你对太极拳感兴趣吗？"方渐华问道，他突然想起，以前在大学读书时，曾跟着体育老师学过一套二十四式简化太极拳。

"太极拳……"金一喃喃道。

"李小龙那样的功夫实在太深奥，太难学。对我们这些普通人来说，二十四式的太极拳更易学，也更有益于我们强身健体。"

金一想了想，点点头道："那也不错。那就请您教我太极拳吧。"

两人就这样愉快地达成了协议。

"考之前，您也去摸摸 Testudo 的鼻子吧，会有好运的。"他开玩笑地说道。

方渐华笑了笑作为回应。不久之后，他顺利考取了驾照。

转眼第二年的学习就快结束了，方渐华正在申请波士顿的一家半导体公司的实习工作时，突然接到了王安博士的电话。

"方渐华，你好，最近怎么样？"电话的那一头，传出了这个镇定、不带犹豫的声音。

"还可以，准备暑假去波士顿一家公司实习。"

"他们接受了吗？"

"还没有，我正在准备申请呢。"

"喔，上次你提的建议增加腔体的事，我们公司的研发部门认为可行,正在实验,你愿意来我们公司实习吗?另外,我们公司的客户,中国大陆的客户7月底来洛杉矶培训,你愿意来帮忙吗?"

这对于方渐华来说,是个再好不过的消息。

"太好了,我当然愿意,谢谢您。"

"好,具体合同和手续,我请同事南希小姐和你联系,我们洛杉矶见!"

"好的!洛杉矶见!"

马里兰大学

第四章
洛杉矶

艾美设备公司成立于1967年，是全球最大的半导体生产设备企业之一，随着中美关系的恢复，艾美公司也将视野投向了中国市场。

艾美公司总部坐落于洛杉矶的东南部，方渐华把车停在了访问者的车位上，夹着公文包，走进了这座二层的办公楼。办完手续后，秘书领着他走进了王安博士的办公室。一看到他进门，王安立马起身，朝他迎了过来。

"您好，王博士。"

"欢迎您，方渐华，一路还顺利吧？"

"挺顺利的，您看看我可以做些什么？"刚到公司，方渐华已经迫不及待想开展工作了。

"看来你干劲很足啊，好吧。"王安笑了笑，"主要是两件事：一是关于培训，我们有一批客人，他们分别来自申城、京城、梁溪市、海河市，他们是来我们公司培训的。你先熟悉一下培训内容和安排，提提意见。培训由保罗·鲁夫特负责，你主要与他商量，也请你给予必要的帮助；二是要麻烦你去研发部门找魏先生，看看改进版的物理沉积设备，也提提你的意见。"

"好的。我想问一下这批客人里有海河市半导体厂来的李书记和王总工吗？"听到"海河市"三个字，方渐华突然振奋起来，想起了几个熟人。

"让我看看，"王安博士拿出受邀名单，目光落在了两个名字上，"是的，有他们的名字。"

"太好了，我们又可以见面了。"方渐华兴奋地说，"他们两个是我原单位的领导，我这次能出国进修，他们帮了很大的忙。"

王安理解地点点头："你的生活、待遇方面有什么问题吗？"

"没有，安排得非常好，谢谢您，王安博士。"

"好的，有困难可以直接找我。现在先给你安排个工位吧。你去一下秘书那，我已经叮嘱她帮你留好了位置。"

"好的，谢谢您。"

在保罗·鲁夫特的工位上，方渐华正在和他讨论培训的安排。

"方渐华，你认为我们这样的培训安排合理吗？"保罗指着草稿纸上草拟的安排计划问道。他是个精明能干的职员，知道方渐华是王安博士特地招来的，毕恭毕敬地问他。

"鲁夫特先生，整体安排上，我建议由三部分组成，上培训课、熟悉设备和实地参观，既要客人充分了解我们设备的先进性，也能体验我们热情的服务。"方渐华一边设想着培训的场面，一边用手比画着。

保罗一字一句地听着，在原先的计划上做着标记，看到方渐华停下来等他写完，赶紧说道："请说下去。"

方渐华略微停了停，然后开始设想起具体的计划："授课安排，可以用一天的时间介绍规模生产工艺、产能、产量，然后依据物理气相沉积、刻蚀、快速热处理、离子注入、外延、测量与检测、清洗分子模块的顺序讲解设备优势与使用，由于客人多数是领导，设备介绍最好是有逻辑、提纲挈领的，最后带他们看样机。"

"很好，看来我们的原计划还要做一些调整。我有一个问题，行业的专业术语，尤其是一些新的技术，客人能听懂吗？"保罗看了看手中的草稿，抬头问方渐华。

"我这周仔细看一下教材，再梳理一下，然后给您建议。另外，我可以来翻译和陪同。"

"太好了，还有什么要补充的吗？"保罗·鲁夫特对方渐华的建议很是满意。

"鲁夫特先生，您最近在看奥运会吗？"方渐华突然问道。

"在看的，中国团队表现得不错！"

"女排是中国人的骄傲，如果中国女排进入决赛，可以放一天假，带他们去观看比赛吗？"

保罗·鲁夫特有些意外，但转念一想，又在情理之中，便说："我明白你的意思，我要去问问王安博士。"

回到租住的地方之后，方渐华给海河市的李书记打了一个电话。

"您好，李书记，我是方渐华。"

"你好，是方工吗？"

"对，我是方工。李书记，和您说一下，过几天，我会协助接待你们来艾美公司的考察工作。"

"是吗？那太好了。对了，你不是在马里兰大学进修吗？"

"是的，现在是暑假，我来艾美公司实习。"

"那可真是太好了。小方，我跟你说啊，我们正在京城接受出国培训，到时会有翻译一起来。但是呢大家对美国的情况都不了解，担心一下飞机就蒙圈了。"

"不会的，我会来机场接你们。"

"那太好了。我们住的地方可以做饭吗？"

"我可以帮你们定可以做饭的旅馆。"

"好呀，我们估计在外面吃太贵，自己带家伙来，开销节省一点钱，买一点其他的东西。"

"明白,美式早餐和晚餐你们也吃不惯,可以自己做。午餐就在公司吃,公司支付餐费。"

"好的,好的,谢谢方工,拜托你了。"

越洋电话很贵,电话那头的李书记匆匆聊了几句便结束了交谈。但挂上电话后,方渐华心中却泛起阵阵乡愁和思念,在海河市工作的一幕幕浮现在眼前,从来没有那样清晰过:一群人在一起面红耳赤地讨论、废寝忘食地做实验、半夜回到家时窗口还亮着微弱的灯光……争分夺秒的这两年让他忘记了曾经熟悉的很多事、很多人,但当这些事、这些人再次那么强烈地浮现在自己的回忆里,他不由自主地感到鼻子一阵阵发酸。

星期六,方渐华领着一辆大面包车来机场接上了一行人。一行人在旅馆放下行李后,稍作休整,方渐华便带上他们去"开市客"购买食物。琳琅满目的商品让他们大开眼界,八、九个人一扫之前的疲倦,像一群孩子似的在超市里东跑跑、西摸摸,一边好奇地询问那些是什么商品、一边就开始盘算着要不要带点东西回国。"开市客"是创办于1983年的仓储量贩超市,主打一站式采购、低价销售高质量的商品。这群国内企业大领导们几乎都没见过这样的零售模式,纷纷感叹不已。"你说,要是我们这些搞半导体、集成电路的,也能像在这家超市一样,一口气采购到我们需要的原料、服务,那可就好了。"不知道是谁突然来了句感叹,几个人应声附和,另有些人则陷入了思考。感到惊叹的不仅是这群初见世面的中国人,周围的顾客也纷纷驻足围观。平时见到一两个中国人已经蛮稀奇了,这次来了一群中国人,还西装革履的,不引人注目也难。不过无妨,一群人开开心心地来了个"满载而归"。

周六购物，周日休息。周一开始，方渐华便带着客人们来到艾美公司总部，开始了为期两周的考察培训。考察就如前期安排的那样，上课、了解设备、实地参观。由于准备充分，客人的问题基本都能得到很好的解答，客人们很快就对艾美公司和方渐华留下了良好的印象。

第二周的星期一，王安博士请方渐华来到自己的办公室，开门见山地问起了培训的情况。

"一周下来，客人感觉如何？"

"还不错，公司的实力得到了客人们的认可。"

"服务呢？"

"也非常满意。"仔细回想了一下，方渐华觉得不仅在专业问答还是在生活服务上，自己都想尽了一切的可能，而且客人们也没有什么不好的反馈，便如实答道。

"非常好。保罗之前和我提过你的建议。这周三有女排的决赛，放你们一天假，你带他们去看比赛吧，下班后去秘书那领票。"

"太好了，谢谢王安博士！"

在洛杉矶，三万人的体育馆座无虚席。有一群中国人齐刷刷地端坐在观众席上，正全神贯注、凝神屏息地关注着奥运会女排的决赛。第一局，美国队与中国队打得难解难分。由于在预赛中中国队以1：3输给了美国队，方渐华一行人心里是有些忐忑不安的，随着侯玉珠发球连得2分，中国队终于拿下了第一局。方渐华一行高兴地欢呼着，立马起身打出了"女排姑娘加油"的横幅。

第二局中国队整体拦网发挥出高水平，美国队乱了阵脚，中国队很快拿下第二局。

第三局美国队领先，但中国队没有自乱阵脚。美国队的海曼一次高点强攻，球直飞后场，中国队的李延军一个飞身扑救把球救了回来，引起了全场一阵惊呼。随着孙晋芳的一记探头球，一锤定音，中国队以3:0击败美国队，第一次夺得了奥运冠军。观看了整场比赛的方渐华一行激动地鼓掌、呐喊，无不为中国女排队员的胜利而欢呼。

回旅馆的路上，一行人依旧激动地讨论着比赛的一个个瞬间。李延军的飞身救球让他们印象尤为深刻。咬牙坚持、顽强拼搏的精神，更是让他们这群中年人热血沸腾。

"我们做产业的，也需要这种精神。"李书记深有感慨地说道。一行人回到旅馆，做了几个硬菜，几杯酒下肚，热血又沸腾了起来。

"对，不管什么样的困难，一定都能克服。"

"美国人的技术是厉害，但是只要我们不断地拼搏，总有一天能赶上的。"

有人已经喝醉，发出豪言壮语。方渐华此刻的内心也仿佛有火焰在燃烧。拼命追赶是不错，但是，究竟该怎么追赶呢？怎么才能让中国的半导体产业快速赶上技术革新的步伐？只是赶上就够了吗？作为一个半导体产业的人，如果不以超越现有最顶尖的技术为目标，恐怕依旧会落后吧？这些追赶、超越，仅靠拼搏，真的够吗？

方渐华也觉得脑子有些昏昏沉沉。这时，一旁的李书记拍了拍他的肩膀。

"小方啊……"他的脸因为醉酒有些红润，但方渐华依然听出了他的诚恳,"这次访学,你做得对。我们是该出来见识见识,不然又会落后下去。"

王总工程师这时也凑了上来:"是啊,我们都看到了方工的表现。方工,期待你早日学成,回来后带领大家一起进步。"

方渐华内心很感动,自己的坚持能得到别人的认可。

"对了,你爱人来陪读的事,应该也差不多了吧?"李书记问道。

"是的。慧珍告诉我,她明年年初就能来这里了。"

"你们夫妻有两年没见了。这下可以好好团聚了。"

"你家的孩子也高考了吧。听说她读书很用功,应该能上个不错的大学。"

"现在还不知道。希望她有个好的前途。"

三个人你一言我一语,不知不觉,一行人都在旅馆的房间里,沉沉睡去。

两天后,一行人结束了在艾美公司的访问,即将返回中国。在离别的机场上,一行人一一同方渐华握手道别,感谢艾美公司的安排和他的贴身接待。其中一个不太起眼的小伙拿出自己的名片给方渐华说:"欢迎您来京城找我。"方渐华正忙着与其他人相谈,只是客气地回应了几句,等回过神时,一行人已经上了飞机。方渐华只能拿起名片看了看,上面写着:工信部,王兴。

洛杉矶

第五章

辞职

1985年秋天,方渐华结束了三年的游学生活,带着夫人慧珍回到了原单位海河市半导体厂。

三年前的秋天,方渐华看见的是满城橡树的红色,而现在,变成了他所熟悉的枫叶红。回到熟悉的家,方渐华心里安定了不少,但总有种莫名的惆怅在他心中蔓延。他们的女儿菲菲如愿考上申城同济大学的建筑设计专业,如今已独自一人去申城求学了。慧珍说,女儿离家了,追逐她自己的梦想去了,而他这个追梦人却回来了,两人互换了位置,让她有些不适应了。方渐华笑笑,觉得自己的妻子说得还有几分道理。不过,自己的梦想已经追寻过了,接下来还是得回到正轨上来,去做自己该做的工作。

半年后,方渐华已晋升为副总工程师,属局管干部。虽然升了职,工作内容却没有太大的变化。厂子里的生产仍没有显著的提升,技术活也不多,让方渐华倍感清闲。有时实在无事可做,方渐华就在车间里来来回回地走,想象着自己在美国看到的规模化的集成电路芯片生产车间。除此以外,方渐华依旧坚持着定期阅读英文专业期刊的习惯,对他来说,这些国外的信息不仅仅是他提升自己能力的渠道,还成了他的一种心灵寄托。因为他的留学经历,厂里偶尔有时来了外宾,也会由他来接待。但这样的机会不多,而且外宾基本都是来厂里参观的,要论技术上的交流也远远达不到方渐华心中的标准。总的来说,就是处在一种混日子的状态中,这就是方渐华对自己这段时间总体表现的评价。身在国内安逸的状态,与在美国学习和工作时的紧张状态产生了强烈反差,令方渐华越来越感到焦躁不安。要不要离开体制,找一个能充分发挥自己才干的地方？随着时间推移，这种念头愈发强烈，呼之欲出。"生于忧患死于安乐。"有一次方渐华无意间说了句古人的名言，被妻子慧珍听见了。其实，慧珍早就注意到了这段时间自己的丈夫时常唉声叹气，多年的相处让她很快就猜到了丈夫的想法，但她劝他不要操之过急，毕竟方渐华是在厂里领导的支持下才有机会去国外深造，总不能什么都不顾地就离开单位独自去闯荡，要是把关系弄僵了以后都不好做事。方渐华同意妻子的看法，忍住了直接跑去领导那边请辞的冲动，等待着机会去向领导说明自己的心思。春节的时候，远在洛杉矶的王安博士打了个电话给方渐华，让他大感意外。王安博士告诉他，艾美公司一直为他留着位置，希望有一天能正式把他收入麾下。方渐华向王安博士表示了深深的感谢，他告诉王安，自己也在等待一个时机。

没想到，这个时机很快就到来了。

1986年春天，方渐华父亲的案子终于被平反了。父亲早年是川军将领，1949年在四川率部队起义。回到家乡后，由于以前抓过共产党的干部，在家乡遭到了不公正的待遇，病死狱中，老家的宅子也被没收。母亲独自一人带大他们兄弟三人。就像方渐华自己所说的那样，他是比较幸运的，1959年的政审还比较松，所以他能顺利进入大学学习，而自己的两个弟弟虽然考试过了，但是政审通不过，没能考上大学，只能在县城就业。父亲的案子平反后，政府发了老宅的补偿款，分到方渐华手中的那部分基本够交还单位送他留美学习的费用。拿到补偿款的那一刻，方渐华下定决心要递交辞呈，要去外面的世界拼搏一下。

当方渐华把辞职书放到领导面前时，他能看到领导的脸渐渐地变成了黑色。

那天还没下班,李书记便将方渐华叫去了办公室,不由分说地把他骂了一顿。说他去了一次美国就忘了自己的本,忘了祖国、单位对他的培养。

"什么叫无事可做?!什么叫虚度光阴?!什么叫过于太平?!"李书记已经有些语无伦次,"在美国的时候,我还真替你高兴,觉得你有了见识,有了更多的学习经历,回来能为大家伙带来更好的技术水平。现在倒好,直接投奔外国人去了!你真是!"

方渐华几次想为自己争辩,都被李书记的咆哮打断了。

门外的王总工程师听到里面的声音不对,赶忙跑进来劝住了李书记。

"你先消消气。小方,你先出去吧。"他对着方渐华摇摇头,示意他先出去。

方渐华颇为沮丧地出去了。那天晚上,桌上的菜他一口都没动,他整夜没合眼,想的尽是与同事们一同在车间忙碌、领导语重心长找他谈话、到处打电话为他托关系寻找出国留学的资源……他不是不感激,只是对于现在的他来说,没有什么比建成一条足够强大、足够先进的芯片生产线更让他魂牵梦绕。这些东西,现在的海河市半导体厂给不了他,远在大洋彼岸的艾美却能让他离梦想更近一步。

开弓没有回头箭。既然已经说出口了,就只有坚持走下去。第二天,他带着壮士一去不复返的决心走进了工厂。让他意外的是,王总工程师已经在办公室门口等他了。

"你可捅了大篓子。"一走进办公室,王总工程师便开始絮叨起来,"我昨晚陪李书记谈了一夜,他可是伤了一夜的心啊。平时都是他给别人做思想工作,这次倒好,轮到他自己被别人做工作了。"

方渐华没回应他。

王总工程师继续说道:"你实话告诉我,你是真的想去那个艾美公司吗?还是只是想……和领导抬个杠?"

一听这话,方渐华急了:"怎么可能和领导抬杠?!王工,你也不是不知道,咱们厂现在是什么样子,再看看人家的,你也是搞技术的,你该懂的!"

"懂懂懂!李书记跟我说了,你把你老宅的补偿款全部交给厂里了。知道你是真的下决心了,所以李书记才急嘛。人才啊,现在刚刚开始要开放,人才就要走了,你说他能不急吗?"

"但是……"方渐华想为自己解释却不知该从何说起,毕竟从情理上看他确实有亏欠的地方。

王总工程师拍了拍他的肩膀。

"我昨晚劝了李书记一夜。我跟他说啊,渐华这个家伙,只要是自己想做的事,肯定会憋着劲做下去,不然他怎么通过的考核?每周三天的培训一次都不落,可见他的执拗。到美国也确实争气,和他接触过的人个个都称赞他,大公司还抢着要他。人要往高处走,谁也阻挡不了。看来这个方渐华,留是留不住了。反正以后还是在一个行业里嘛,倒不如趁这个机会放他离开,让他欠咱们一个人情。看他的样子以后免不了做个美国公司的领导什么的,以后万一咱们有困难,还能有一个厉害的帮手不是。"

"那,李书记同意了?"方渐华有些不敢相信。

"他昨天没说话,不过我觉得,他应该能想得通。"王总工程师笑着又拍了拍他的肩膀,"你可是咱们厂最有前途的工程师,又是第一个走出去的人,你不一般啊……可你也得记得咱啊。"

"谢谢王工。我一定会的。"听到这话,方渐华似乎有些松了口气。

虽然海河市半导体厂的领导依旧不太理解方渐华辞职的原因，但是在王总工后来的撮合下，李书记最终还是批准了方渐华的申请。离开的那天，方渐华去见了见李书记。李书记看起来已经不再气恼，恢复如往了。

"希望你以后能充分发挥你的特长，努力工作，回报祖国……也多回来看看。"李书记握着方渐华的手说。

"感谢组织上的教育，感谢李书记和王总工的栽培，我一定好好工作，为祖国多做贡献。"松开李书记手的那一刻，方渐华虽然内心有些不舍，但他明白，自己更向往的是那更为广阔的天空，他要做的，是将所有的注意力、精力都集中到未来巨大的挑战上，一往无前。

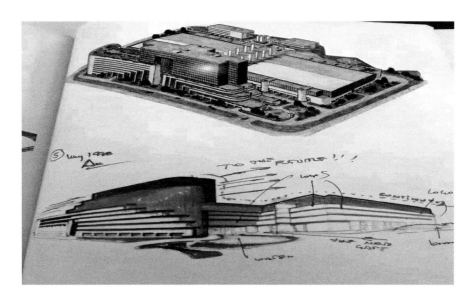

新征程：为集成电路生产厂商提供先进设备

第六章
加入艾美

5月初的京城，已经渐渐透出夏天的灼热气息。

京城饭店的咖啡厅里坐着三个人：方渐华，王安博士和燕小华先生。办完了一系列手续后，方渐华正式成为艾美公司在华业务团队的一员。王安博士来到京城，同方渐华以及另一个艾美公司的业务主干燕小华会面。会面之前，方渐华在电话中听王博士介绍，燕小华原籍中国台湾，在美国留学，五年前加入艾美公司，现在负责艾美公司在华业务。虽然燕先生是华人，但公司仍旧希望培养大陆人才，用王博士的话说是"本地化"。

"我来正式介绍一下，这位是方渐华，浙大毕业，美国留学，曾经在公司总部实习过一年，将来会协助你在华开展业务。"一个西装革履的脸上带着微笑的男子对着方渐华点了点头。

"这位是燕小华博士，从台湾来美留学，哲学博士，通晓中美文化，五年前加入公司，负责公司在华业务。"

方渐华也对着燕先生点头微笑，两人算是打过招呼了。

"分工是这样的，渐华负责市场开发、行政。燕博士分管维修和财务，总体负责。有困难可以直接向我汇报。"

"明白，王博士，欢迎渐华正式加入艾美公司，以后我俩精诚合作，完成公司交给我们的任务。"燕先生长相斯文，戴着金丝边框的眼镜，热情地说道，脸上带着和方才一样的微笑。不知道为什么，方渐华突然想到了马里兰大学的孙博士。孙博士不太笑，不过时间长了依旧对他留有印象。眼前这位燕博士给人一种亲和的感觉，但不知道为什么，方渐华觉得自己有种束缚感。

"谢谢王博士、燕博士，我们公司目前在华业务情况如何？近期和中期销售目标是多少？"方渐华迅速地把话题转到了公司业务上。

"公司刚刚开展在华业务，昨天，我陪同公司首席执行官摩根先生拜会了工信部江副部长。目前情况下，一方面公司要出售设备，另一方面公司又必须禁止与军方交易。根据此前的协议，我们只能向中国大陆出售落后二代的半导体设备以保持欧美技术领先的优势。"王安继续说道。

"竞争对手方面主要来自日本、韩国，他们的价格比较低，进入市场比我们早，我们的优势是设备质量好，操作简捷。"

"目前有消息说梁溪市中晶半导体厂打报告申请购买外延炉。"

"我们可以从这个案子入手。江部长的秘书叫王兴，渐华，你应该认识他，他前年来过公司总部培训。"

"王兴，我认识他，有他的联系方式，明天我去找他。"方渐华立刻想起了那张名片，连忙应下了。这是他在公司的第一个项目，势必要全力以赴。

"好的。公司的近期目标一是打开销售渠道，在3—5年内年销售额达到5 000万美元。"王安博士停顿了一下，看了看方渐华。

"我们争取在年底成立维修中心，一方面是销售的需要，另一方面，非我们直接出货的设备，在京城仍需要维修、保养，也需要一些其他的售后服务。"虽然声音不大，但王安博士带着不容置疑的口吻下达了这两道指令。他这次又看向了燕小华。

"好的，我和渐华会尽快办理此事。"燕小华终于收起了微笑，脸上的表情变得郑重起来。

"燕博士，渐华，你们还有什么问题吗？"

"没有。"

"好，我有点累了，先上去休息，你们可以继续聊。"一说完，王安起身便离开了。方渐华还没来得及说句"晚安",只能略带遗憾地看着他离去的背影。

"渐华啊,"王博士刚一离开,燕博士又露出了招牌式的微笑,"听王博士说,你以前是海河市半导体厂的工程师。"

方渐华点了点头。

"做工程师不错啊。以后机器方面的事情我还得向你请教啊。"

"燕博士您言重了。我进公司晚,很多事都不懂,以后还得多向您请教呢。"方渐华毕恭毕敬地说道。

"渐华你太谦虚了。对了,你是几几年生的?"

"我是42年生的。"

"哦……那我们两个人差不多年龄啊。"燕小华有些意味深长地看了他一眼。

方渐华依然只是点点头,应了一声。

"渐华啊,不用那么拘谨。艾美公司不兴论资排辈,只要你是人才,公司都会重用。你看王博士,比我们两个人都要年轻,不也是我们的上级。"看方渐华没作声,燕小华的声音略微大了些,"公司现在正好在业务调整阶段,王博士很实际,只要能为公司带来利润,不管你的年龄,也不会管你的履历,他都会用。"

"不过嘛,再好的人才还是要有个人带着才行。你说是吧?"此话一出,方渐华已经明白了燕小华的意思。

"那是那是,"他连忙附和道,"现在您是在华业务团队的总负责人嘛,很多事都离不开您的指导。"

燕小华看起来对这个回答挺满意:"当然了,公司让你做销售这块的负责人,本来也是肯定了你的能力。你就大胆放心地去做就好。"

"我一定不会辜负公司的期待。"方渐华说道。

"很好,现在时间也不早了,我也先走了。渐华,拜拜啰。"燕小华说着便从椅背上拿起自己那件长长的风衣,冲着方渐华做了个挥手告别的手势。

方渐华连忙起身相送,看着燕小华的背影消失在门口,方才松了口气。

第七章
马特之邀

方渐华走出京城饭店，来到街上。夜里的一阵凉风袭来，非常舒服。方渐华决定沿着红墙走一走，穿过城楼，到西端乘上公交车回到自己的住处——隼外大街18号。这是一个招待所，设施很齐全，地理位置也很方便，方渐华签了一个长租协议。走进自己的房间，开灯，洗脸，然后走到自己的办公桌前，从办公桌里翻找出了王兴的名片，看了看名片上的办公室门牌号，确认完之后便看到桌上的传真机传来了一份文件。

文件是马特发来的！在东京与马特告别之后，方渐华最初只能通过电话与他偶尔联系，后来在洛杉矶工作的这段时间，由于马特工作的加利福尼亚大学圣地亚哥医学院离洛杉矶只有几十公里，开车只要个把小时，两人的联系开始多了起来。回国前，方渐华和慧珍还一起去拜访过马特一家。马特几乎每年都来京城与和协医院的医生们进行学术交流，因此两人至今还保持着联系。

"渐华，你好！今天打电话到你家，你夫人给了我你在京城的电话和这个传真号码。本想打电话给你，但你不在没人接听，就用了这个传真。我刚到京城，晚上同行宴请，这次来京城只有一周的时间，我们见个面如何？我的电话和传真还是和以前一样。祝好，马特！"

方渐华思考了一下，立即给马特回了一个传真：

"马特，很高兴你又来京城讲学了。我现在在艾美公司驻京办工作。明天晚上我们7点在前门东来顺一聚，如何？期待你的答复，祝好！渐华。"

早上起床后，方渐华看到了马特回复的传真，确定了两人当晚能够见面。吃过早饭后，方渐华便兴冲冲地直奔工信部大楼。

来到工信部大楼的传达室，方渐华拿出自己的证件，递给里面的老师傅说："师傅，我是艾美公司的方渐华，我要去205室找王兴主任。"

方渐华回国后曾和王兴在京城吃过饭，春节后又与他见了一面。那时他正从老单位离职，准备入职艾美，办手续的过程中来工信部见了见王兴，两人没有谈太多的工作上的事情，主要是聊女排。王兴看起来非常喜欢运动，尤其是排球，所以那次在洛杉矶看女排决赛让他一直念念不忘，逢人就提。方渐华那次去工信部见他，他见面的第一句话便是对着门口的师傅说"这位就是安排我们去看女排决赛的方渐华"，弄得方渐华也有些不好意思。王兴为什么这么喜欢排球呢？可能是他身材高大的原因吧，方渐华想道。

也许门卫老师傅早就已经记住了方渐华，所以方渐华几乎没费多大劲就走进了大楼，来到205室。门是关着的，方渐华敲了一下门，没有回应，他轻轻推开门，也没有看见王兴，却看见桌上的茶杯还冒着热气。估计王兴是去忙别的事情去了，方渐华想着，便在沙发上坐了下来，顺手翻开了《人民日报》。

一会儿，走廊上传来脚步声，方渐华站了起来。一位身材高大的人快步走了进来，看到屋里有人，愣了一会，认出是他后，立即伸出双手。

"哎呀，方渐华！"

"王兴！"

"你好，你好，什么风把你吹到我这里了？"

"我刚离开原单位，来京城上班了，向你报个到。"

"好呀，好呀，我来拿一下东西，马上有个会，啥时候我们一起细聊?"

"好的,你什么时候方便,中午一起吃个午饭?"

"哟,还真不行,等下领导要出去,不知道什么点才能回来。礼拜天怎么样?一起坐坐,去老地方,晚上6点?"

"好,那就这么说定了,礼拜天晚上6点,不见不散。"

这天晚上,前门东来顺。方渐华略微早到了一点,找了一个桌先坐了下来,不一会马特和一位30岁左右的女子一起走进了餐馆。

"渐华,你好。"见到老朋友,马特露出了灿烂的笑。

"马特,你好。"

"我来介绍一下,这位女士是龙莉莉,和协医院心血管方面的专家,重庆人,医科大硕士毕业生。她今天帮我翻译,累了一天,我就请她一起来了,你不介意吧,渐华?"

"哪里哪里,荣幸之极。"

"谢谢你,方先生。"龙医生微笑着向方渐华点点头。

"我喜欢吃中国的火锅,味道鲜美极了。"马特边说着边拉开了椅子,对着龙医生做了一个请的手势。

"说火锅,正宗的还是我们重庆火锅,红汤。"龙医生很自然地坐了下去,开口说道。

"什么叫红汤?"马特第一次听说"红汤"这个词。

"除了红汤,还有就是白汤。"

"莉莉说的'红汤',意思就是很辣的底料。"方渐华明白老友的疑惑,立马补充道。

"红汤,红汤,我要红汤,你们两位呢?"马特似乎已经迫不及待了。

"莉莉是重庆人,自然是红汤,我也要红汤吧。"莉莉朝方渐华看了一眼笑着点点头。

"服务员,红汤,1斤羊肉配粉丝,青菜和腐竹。"方渐华喊道。

"好嘞,您几位喝点什么酒?"

方渐华看了看马特,又看了看莉莉,问道:"喝什么酒?"

"Jin Tonic。"

"没有,只有啤酒或者二锅头。"

"我都可以。"莉莉回答道。

"那就来瓶二锅头吧。"

很快火锅就上来了,马特可能真的饿了,不一会,1斤羊肉就被消灭掉了。

"服务员,再来1斤羊肉。"火锅一解龙医生一天的疲惫,她用清亮的嗓音冲着大堂服务员喊道。

"马特,喝酒,干杯。"方渐华准备往马特的杯子里倒酒。

"不,不,不,意思一下。"

马特立马用手挡住了杯口,急急忙忙地解释道。方渐华心想他可能吃过亏,喝酒比较谨慎。但过了不一会,马特自己往杯子里倒上了一小口酒,举起了酒杯。

"来吧,我们祝贺渐华加入我们的艾美公司。渐华,祝你前程无量!"

"谢谢,干!"方渐华一饮而尽。

"马特快成中国通了。"方渐华微笑着对莉莉说。他想起在飞机上刚认识马特时,马特基本不懂汉语,倒是糊糊涂涂、一知半解地说了一句"流连忘返"。而如今,这个美国人已经能猜到一大半他和龙医生之间的对话了。

"对的。他已经开始自学一些简单的中文,而且非常喜欢中国文化。"龙医生的脸微微有些泛红,身体开始有些放松了起来。

"马特,会说汉语吗?"方渐华突然来了兴致。

"一点点,你好,你好吗?"马特很开朗地用中文打着招呼,表情就像一个快乐的小朋友,方渐华忍不住笑起来。

"不错,你汉语说得真好!"

"哪里哪里,一点点!"马特伸出拇指和食指轻轻比画了一下。

"会认中文吗?"

"比一点点再小一点点。"马特眯起眼,把拇指和食指微微靠近了一点。

"这个字是什么字?"方渐华拿出笔在本子上写了一个"中"字。

"中,中国的中。"马特飞快地答道。

方渐华又写了一个"木"字。

"木,木头的木。"连着答出两题,马特有些小得意。

"那这个字呢?"方渐华写了一个"杯"字。

"这……不知道。"

"这是杯,装酒的杯子。"

"奇怪,杯子怎么会是'木'字旁,应该是玻璃做的呀!"

"对的,这不有个'不'字吗,不是木头做的。"

"是这样吗?"马特先是一脸疑惑的表情,突然间像明白了什么,三个人大笑起来。

"马特,你这次来,对京城的印象怎么样?"

马特想了想。

"好像得心血管病的人多了起来,我第一次来的时候,没有这么多病人。"

"可能是生活水平提高了吧。"方渐华说。

"什么意思?"

"渐华的意思是说食品供应丰富了,人们吃肉多了吧。"龙医生在一旁补充道。

"有可能。"马特点点头。

"还有呢,马特?"方渐华继续问道。

"京城发展很快,医院进口不少设备。听说在中国外汇不多,要管制?"马特想了想。

"对的,购买进口设备需要配额。"龙医生继续补充。

"明白。还有,医生的水平提高得比较快。"马特紧接着说出了他的第三个感受。

"什么原因呢?"

"在美国,老医生比例高,但同时心脏手术风险比较高,大部分由老医生主刀。而在京城像莉莉这样年轻的主任医生每周做好几例,所以水平提高就快。"

"有道理。"方渐华点点头。

"不过总的来说,京城的发展还是超出了我的想象。中国的未来还是很有希望。"马特总结道。

仨人你一言我一语,聊得非常开心。喝完一瓶二锅头,已经到了深夜,几个人也刚刚好尽兴。方渐华同莉莉互留了联系方式之后,便同两人告别离开了。

第八章
外延炉

周五，方渐华和燕博士碰了碰头，讨论外延炉招标的事。

"万事开头难，渐华。我们目前首先要找个地方办公，然后开始招人，你负责行政，先招一位管家吧。我请总部推荐一些有一定工作经验的工程师。总之，先把干部招进来吧。"燕博士慢悠悠地说道。

"好的，我马上开始物色人选。王兴那里我已经联系上了，他太忙还没有来得及细谈，我已经约好他周末单独聊。"方渐华将自己的进展一五一十地作了汇报。

"好的。他虽然是江部长的秘书，有比较广的人脉，但是在一些具体项目层面上可能帮不了太多。这种人我见得多了，胸脯拍得响，但不一定管用。"

"明白，我心里有数。"方渐华听出了燕小华话里的不屑，不过对他来说，只要有一丝希望，都该去试试。

周日，东单的老饭店。王兴坐在首位，左边是方渐华，右边是刘丰。刘丰是京城半导体厂的总工程师，曾经和王兴一起去洛杉矶的艾美公司参加培训，也算是老相识了。

"老方，今天我叫上了刘丰，一起给你接风。"

"老方，京城欢迎您，我带了两瓶西凤酒，知道你酒量好，今晚不醉不归。"刘丰也是个豪爽的人，拎起两瓶酒便放到了桌子中央。

"谢谢二位，初来乍到，请多多关照。"虽然是老相识，但该有的礼节还得有。

"渐华，我给你讲个笑话，"听到刘丰在叫自己，方渐华看向了他,"一天晚上,一个外地人下火车走出京城站就看见'京城欢迎您'五个字,一周后,他再经过京城站时,就看见五个字变成了'京城欢迎你',你猜猜看,再过一周后,他看到的是什么?"

"是什么?"方渐华猜不着,看了看坐在中间的王兴,他神秘地笑了笑。

"京城欢迎尔。"刘丰一拍手,自己先笑了出来。

"哈哈哈,意思却没有变,有意思有意思!"几个人互相寒暄着,场面渐渐热了起来。

酒过三巡后,王兴主动问道:"老方,新工作还顺利?"

"还行。我现在主要先熟悉一下业务,公司内部的一些情况,包括美国的支持部门。年底还要去趟总部,接受三个月培训。"

王兴点点头,继续说:"领导上周会见了艾美的首席执行官摩根先生,会见后领导还说,以后双方人员要多多交流。"

"交流可以增加了解嘛。我们上次去艾美公司的考察就很不错,"刘丰说,"中美的差距的确是蛮大的。"

"老方,上次去艾美,说实话我是比较震惊的,"王兴转过头看着方渐华,认真地说,"我是比较佩服摩根先生的。来中国发展,能找到你这样的人才,他是有眼光。来,走一个!"

"王主任,您过誉了。我刚刚加入艾美,第一次做销售,没什么经验,这里面的门道还要请两位多多点拨。"方渐华谦虚地说道。

"客气,客气。老刘,要不你先说说?"

"销售我也不大清楚,只知道一点流程。我们有两种方式,一种是市里安排名额去参加国外考察,就像是去艾美,考察后打报告,提申请购买设备;还有一种是技术部门通过文献期刊收集分析情况,提出指定设备购买申请。"

"嗯。我们厂也是这样操作的,钱是厂里出。"方渐华回忆起自己在海河市半导体厂时的情形,没意识到自己又用了"我们厂"一词。

"部里收到下面的申请后,组织专家审核,专家负责与外商谈判,签合同完成交易。"王兴补充道。

"老方,你们艾美的外延炉不错,质量好,产能大,又方便操作,日韩的设备就差一些,等我们筹到钱了,在你那买两台?"

"好呀,我一定给你留着。王兴,专家组是什么情况?"

"专家组内部情况我不太清楚,蒋小明是我交大的同学,在专家组担任副组长,下次我来引见一下?"

"好!谢谢王主任,来,走一个!"方渐华很高兴地举起了酒杯。

"老方,你们公司准备设在哪里?"

"我正想听听你的意见呢,我领导希望在海滨区找一个地方,科技公司多,潜在客户多,容易开拓市场,我呢,希望找一个地方既方便客户考察,又方便维修设备,毕竟客户看到设备心里踏实。"

"嗯,我同意你的想法。刘丰,你厂里东南角不是有一个废弃的车间吗?"

"有的,有的,那是间废弃的锅炉厂,当年开始集中供暖以后,我们就没有再用了。我明白你的意思,渐华如何看?"

"能在你们厂设维修中心有两个优点。第一,有行业领军企业背书;第二,维修所需要的场地,设施,都是既存的。我认为可以。"

"这事我还定不了,得回去请示领导。"刘丰说道。

"我们也不白用你们的场地,把废弃的房子拆了,在原址上重新改个二层楼房子,费用我们出,然后每月交租金,艾美公司在你们厂设维修中心也是给京城半导体厂背书。"方渐华进一步补充道。

"嗯,这看起来有可能。我明儿就去领导那问问。"刘丰想了想,点头说道。

这顿饭吃了快三个小时,仨人尽兴而归。

周一下午,方渐华接到了王兴的电话。

"老方,我中午在食堂碰见了老蒋,他说正在处理梁溪市厂的申请,四台外延炉,目前正在招标。我讲了讲你们公司的情况,他说由于你们是潜在服务商,不方便出来见面,但是,他会尽量帮忙。"

"谢谢王兴,他还说了些什么吗?"

"你赶快去《经济报》上找他们的招标公示,截止日期是本周三,先把资料递上去。"

"好的,好的。"方渐华不敢多说,匆匆地挂了电话。

时间紧迫。方渐华飞快地找来了报纸,很快拿到了招标文件。那天晚上方渐华熬了个通宵,把招标文件仔仔细细研究了个遍,第二天开始在总部的配合下制作标书并修改了好几遍,终于赶在第三天招标截止期前递送了标书。

"这是第一单,一定要尽全力,争取开门红。"方渐华气喘吁吁地送完标书时,心里这样想着。

接下来的几天,方渐华都没有休息好,一直在心里推演下一步的工作。这时,桌上的电话铃响了,方渐华条件反射般地抓起了电话。

"你好,我是方渐华。"

"老方,小明说有结果了!"

"情况怎样?"方渐华紧紧靠着办公桌,紧张得喉咙里像塞了棉花似的。

"香港新发展代理中心的日本设备中标了。"

"唉……那,中标依据是什么?"那一刻,似乎有股苦味在他口中蔓延开来。

"他们的价格低,比你们的低20%左右。"

"是最终决定吗?"

"应该是的。"

"有可能翻盘吗?"方渐华还是有些不甘心,抱着一丝希望问道。

"估计够呛,我再去问问小明,别泄气,还有机会。"

"不会的,我还想再争取一下。"王兴的话让他心里又燃起了希望。

第二天早上,桌上电话响起来。

"你好,我是方渐华。"

"老方,我,王兴。"

"怎么样?王兴,有机会吗?"

"我问了一下,小明说只有一种情况可能翻盘。"

"什么样的情况?"

"下周二,他们与香港新发展正式签订合同。如果到时香港新发展肯放弃这次机会,艾美就有可能顶上去。"

"香港新发展那边情况如何?有可能弃标吗?"

"老方,我这就不知道了,下周二上午11点他们会在303会议室签订合同。哎,这个不要对别人说,注意保密啊。我先挂了。"

"好的,太谢谢你了,王兴。"

方渐华的心沉了下来,他又仔细地复了一次盘,思考下一步该怎样办。

在前门的交谊舞厅里,一群男女在舞池里伴随着强烈的音乐节奏,拼命地甩着头,疯狂地蹦着。外围的桌子上一个职业女性模样的人轻轻地举起手中的酒杯对着坐在对面的中年男人说:"菲哥,祝贺你拿到了订单!"

"哈哈,我感觉我们的价格报低了,日本那边不地道,同样的设备,报给我们居然还涨了不少,这单下来,利润不多。来来来,干杯!"

"少赚也是赚,京城这帮人真是土,没有礼貌,明明是他们买不到,却装得像大爷似的,一口一个程序、制度。"

"就是,我们手上有资源,是他们求我们。我也看不惯那副德行。"

"来,干杯。"

"干杯!"

这两个人就是香港新发展的首席代表和商务经理,他们正在享受着胜利后的喜悦,虽然,在他们看来这只是一桩小案子。

此时,方渐华正拿着话筒,拨打了洛杉矶的王安博士的电话。通话之后,方渐华给王兴也拨了个电话。

"喂,王兴,是我,渐华。"

"你好,渐华。"

"我想再尽最后的努力。明天我去部里,如果香港新发展弃标,我立马顶上去。"

"还不放弃呀……好的,我明天告诉小明,一旦香港新发展弃标，就让你顶上去。"王兴倒是很欣赏方渐华的这股执拗劲，便答应了他。

"谢谢，我在传达室候着小明。"

"好嘞，挂了。"

"晚安。"

第二天早上，方渐华9点就来到了工信部大楼前，传达室的老师傅和渐华打了个招呼，就准备放渐华进去。

"师傅，今儿我先不进去了，等一位朋友一起进去。"

"好的，方先生，那您请坐。"

门卫室比较宽敞，兼有接待的功能，方渐华在沙发上坐了下来。

11点了，方渐华看了下门口，香港新发展的林菲总还没有到。又过了几分钟，一辆黑色的皇冠车停在了马路边，一男一女从车上下来，然后走进了门卫室。

"喂，老头，你们的领导怎么还没来？"

"您好，先生，您找谁？"

"我是香港新发展公司驻京首席代表，来和你们签合同的，说好11点开始，现在都11点了，怎么还不见你们的领导？"

老师傅皱了皱眉，有些不悦地说："噢，港商呀，失礼，失礼。我们部里部门多，领导也多，要不你自己先联系他吧，让他来领人。等见到领导了，我才可以放你进去。"

"哟，一个小小的门卫都这么横。"旁边戴墨镜的女人讥讽地说道。

"小姑娘，你咋说话的，你知道这是哪里吗？"

"丢雷老X。"男人爆了一句粗口。

"孙子，你怎么说话来着？"老师傅被骂得红了脸，拿手指着男人梗着脖子说。

男人脸上的表情变得难看极了，但他也不想和老师傅多纠缠，拿起桌上的电话便拨了起来。

"喂。"

"喂，蒋处长，我们准时到了，你在哪里？"

"您到了，在传达室吗？请等一下，我马上过来接您。"

"快点来啦！"

一旁的老师傅一听接待的是专家组的一个处长，就又说道，"见个处长就牛成这样，要是部长，还不得翻天了。"

"土老帽。"女人厌恶地瞥了一眼。

"你看什么看，我哪里土了？"老师傅气得几乎要喷口水。

男人看了看表，5分钟快过去了，已经等得不耐烦的他对身旁的女人说："这生意老子不做了，我们走！"

"我不信他们不会来求我们！"女人说。

"走！不送。"老师傅朝着男人吼道。

这俩人也被气得不行，看了眼里面的大楼，然后头也不回地进了自己的轿车。车慢慢地开远了，这时候蒋处才急急忙忙地赶出来，问道："人呢？"

"走了！牛哄哄的！"老师傅没好气地说。

看着远去的轿车，蒋处叹了口气，一脸无奈，视线停在了方渐华身上，"方先生？"

"蒋处，您好！"方渐华赶忙迎了上去。

"您好，方先生，里面请。"蒋小明这时想起了王兴的话，赶紧把方渐华请了进去。

在305会议室，房间靠前的地方已经摆好了铺着红布的桌子、鲜花和两份合同，下面是几排椅子。蒋处无奈地摇摇头说："你看，戏台子都搭好了，主角却走了。"

"蒋处，我刚才看到了，新发展也有不对之处。"

"我刚放下电话，领导就来了，晚了几分钟出来，我们的港商就拂袖而去，我能怎么办？"蒋处摊开了双手。

"的确不能怪您。"

"王兴跟我说了你的事，那我们谈谈吧。"蒋处做了个请的手势，把方渐华引到了椅子处，两人面对面坐下后便正式谈了起来。

"好的，蒋处，我代表艾美公司，由公司授权和您协商此事。"

"嗯。其实，我们的想法是，贵公司的设备没有问题，关键是价格，贵公司能在价格上优惠一些吗？"

"投标之前，我就向公司申请了最低价格，不能再降价了。"

"那你……是什么意思？"

"虽然总价不能优惠，但是我们可以把合同分成两块，把原合同的服务费拆出来。"

"您的意思是签两个合同，一份是设备供应，一份是服务合同，金额比例是多少？"

"80%的设备供应合同，20%的服务维修合同。"

蒋小明思考了一下，点了点头。

"可以，但我需要向领导汇报一下。"

"麻烦蒋处了，谢谢！"

约半小时之后，蒋小明又回到了305室。

"方先生，我们领导基本同意您的方案，但有两点补充，听听您的意见。"

"第一，今天，不，我们马上签设备合同。第二，服务合同，您要去梁溪市和厂家谈，我们可以原则上同意服务合同的金额，但是，您必须和厂家就具体金额直接达成协议。另外，厂家没有外汇额度，只能以人民币支付，不知道您是否能接受？"

方渐华昨晚就已经考虑到这种情况了。他和王安博士通话时提过这个，王安博士当时说："这是首销，将来在国内开展业务也需要用人民币。如果对方提出部分支付人民币，你可以自己判断决定。"方渐华略微思考了一下，同意了这个方案。

"蒋处，我明白您的意思，今天我们先签设备购买合同，服务合同我去和梁溪市谈，以人民币支付，对吗？"

"对的，我回避一下，您可以请示一下总部。"

"不用了，我可以做主，签约吧。"

当天晚上，方渐华来到了火车站。他突然想起了那个笑话，有意地朝车站上方看了看，果真是"京城欢迎尔"，便笑了笑，走进了候车大厅。

蒋处给了他梁溪市的对接人周正宇的联系方式，周正宇催他立马去梁溪市。方渐华在艾美公司培训时接待过周正宇，对他的印象还不错，是个技术派的，肯定会支持买艾美的设备。

第二天中午，周总亲自来火车站迎接方渐华。

"方先生好！别来无恙。"

"周总好，很高兴又见到您。"

"蒋处昨天说了，方先生下来指导工作，我一晚上都没有休息好呀。"

"惭愧，惭愧，这次要麻烦周总了。"

"情况是这样的，我本人倾向艾美的设备，这事情也定下来了，关键是服务合同的价格，林书记希望我们再议一议。"周正宇一边领着方渐华走出火车站，一边开始介绍起了情况。

"喔，怎么个议法，你们的意见是什么？"

"这个我不知道，林书记家里出了一点事，人不在梁溪市。"

糟糕，决策人不在梁溪市！方渐华心里一沉，不自觉地停下了脚步，随后便继续问道，"具体是什么情况？"

"林书记的爱人突发心脏病，人是救过来了，但医生建议去大城市做手术。"

"他们现在在哪里？"

"在京城，听说还没有找到医院，现在正住在亲戚家。"

"你有林书记的电话吗？"

"有的。"周正宇拿出笔记本，写下了林大伟在京城的电话，交给了方渐华。

到了梁溪市厂，周总领着方渐华在厂里走了一圈，总体情况比海河市厂要好，厂里的人员、车间都比较多，而且有秩序。方渐华心里对林书记赞了一句。

他回头问周总道："有电话吗？"

"有，我们回办公室？"

"好的。"

方渐华来到办公室，走到电话旁对周总说，"我可以打一个电话吗？"

"当然可以，我去给您倒杯水。"周正宇说着就走出了房间。

"喂，请问龙大夫在吗？"

"您好,请稍等。"

"喂,您好,我是龙莉莉。"

"龙大夫好,我是方渐华。"

"方先生,您好!"

"我有个朋友,他爱人心脏病突发,已经抢救过来了,但医生说还需要做一个手术,人在京城,没有医院接收,您能帮忙吗?"

"医生如何诊断的?结论是什么?能把她的病历传过来吗?"

"抱歉……没有。她现在人在京城,我刚到梁溪市……要不我今天赶回来,明天带她请您看看?"

电话那边沉默了起来。

"不了解病情,我不好马上答应,请你理解。"

"理解,理解,感谢龙大夫帮忙。"

"我明天上早班,方先生带她一起来吧。"

"谢谢龙大夫。"

"明天见,方先生。"

这边刚放下电话,周总就端着茶走进来了。

"周总,我在和协医院有位朋友,心血管科的,我刚和她通过电话,她答应先帮着看看林太太的病,然后再做安排。"

"太好了,谢谢方先生!我马上打电话告诉林书记。"

"我来吧,你知道一下就好了。"

"行。"周正宇痛快地答应了,然后想起了什么说道,"我马上还有个会,那我先去开会了。"

"等等,麻烦你安排一个车,我打完电话后就返京。"

"好的,好的,我现在就去安排接你的车。那,等下我就不送您了。"

"好的,谢谢周总。"

"喂,林书记,您好,我是方渐华呀。"

"喂,小方,您好,我这边比较忙,你有啥事请直说。"方渐华听得出,林书记的声音有些沙哑。

"林书记,我听周总说您和太太在京城,我有个朋友在和协医院心血管科,是主治大夫,她明天上早班,我陪您和林太太一起去看看?"

"老方,你是说你有个朋友在和协医院?啊呀,太感谢了!好的,好的,明天几点?谢谢您!谢谢您!"电话那头的声音一下子活跃了起来。

"上午9点吧,我朋友叫龙莉莉,我们先在医院门口见面,您太太能走动吗?"

"可以的,现在可以自由走动,但不能太剧烈运动,那我们明天9点见?"

"明儿见,记得带上病历。"

"好的,好的。"

第二天,龙大夫仔细地问了林太太的病情和症状,看了看病历、X光片,然后说,"再去楼下做个检查吧。"林书记的秘书陪太太下楼了,诊室里留下了方渐华和林书记。

"情况如何?"方渐华轻声问道。

"靠左心房的血管堵住了,要搭桥,马特先生是这方面的专家。"龙大夫回答道。

"他不是回美国了吗?"方渐华突然想到。

"是的。这类手术,搭桥本身没有太大的难度,关键是要开胸。

为了解决身体的排异性,术后病人必须坚持吃药。另外,术后恢复必需静养。"

"你的意思是你可以动这个手术?"方渐华听出了龙大夫的言外之意。

"病人是方先生的朋友,我可以主刀。"龙莉莉看着方渐华说,然后看向了林书记。

"谢谢龙大夫,太好了,我们一定全力配合。"

进心血管科诊室的时候,林书记就看到了墙上龙大夫的介绍,现在亲眼见到本人,更感觉龙大夫专业干练,能让龙大夫主刀,求之不得,哪有不同意的道理。

检查结果出来了,与龙大夫的结论吻合。于是,林太太的手术被安排在了第二天的早上。

一周后,方渐华拎着一袋慰问品来到了林太太的病床前。她恢复得不错,微笑着朝方渐华点头。

林书记走过来,紧紧握着方渐华的双手,感激地说道:
"这次多亏你了,谢谢。等出院后,我跟你嫂子请你和龙大夫吃饭。"

"哪里哪里,这次主要还是龙大夫的功劳,龙大夫医术精湛。"方渐华轻声说道。

"如果没有你,我们哪里能遇到龙大夫啊。"林书记有些动容,"你和龙大夫都是我们的恩人。"

"是啊,谢谢你,渐华。"林太太也在一旁慢声附和道。

虽然外延炉招标的事稍稍有些耽搁,但总体影响并不大。能帮到林书记一家,倒是更令方渐华由衷地感到自豪和高兴。

第九章
维修中心

这天晚上，在百方庄的一家咖啡店里，为了维修中心的选址问题，方渐华正和燕小华争论。

"维修中心就定在海滨区。我看了几个门面，地点好，租金便宜，你说的京城半导体厂，地方太偏僻。"燕小华显然是有自己的打算，对方渐华的提议摇了摇头。

"京城半导体厂是国内的大厂，有影响力，有他们的背书，将来的销售比较好做。而且厂方基本同意了我们的提议和方案，同时，在厂里维修我们的设备也很方便。"方渐华坚持认为把维修中心设在厂里是个更有前景的选择，继续同燕小华分析利弊。

"能有多大影响力嘛……"燕小华皱了皱眉，轻声嘟囔了一句，抿了一口咖啡继续说道，"维修是我负责的。在厂里新建两层楼太花钱，我们刚刚起步，不宜铺张浪费。"

方渐华听得出燕小华的意思——他不想再讨论这个话题，但是维修中心的选址关系到公司未来在国内的发展，他不能轻易就这样妥协。

"海滨区虽然有不少的科技企业，但大都是以软件、设计为主，我们真正的客户不在那里！"

"这样吧，我们听听王安博士的意见。"也许是被方渐华的坚持弄得有些疲惫，燕小华看起来有些无奈，便想了个折中的办法。

"好的，我听你的安排。"

俩人回到燕小华的办公室，在免提座机上，燕小华拨通了王安的电话。

先是方渐华，再是燕小华，两人各自陈述了自己的看法。陈述完毕后，王安博士没有立即给出回应，现场安静了十几秒。这十几秒，令方渐华心神难安。随后，他听见王安问道："渐华，王兴知道这件事吗？"

"我和他说过，他也认为在京城半导体厂设立维修中心比较好，影响力比较大。"方渐华飞快地说道，期望这能让王安博士赞同他的意见……毕竟，燕小华的意见也颇为客观合理。

"那这样吧，维修中心就定在京城半导体厂内，楼的立面用红颜色，既是中国红，又是公司Logo的颜色，寓意红红火火。"电话那头传来的清楚有力的声音终于令方渐华松了口气，挂上电话的那一刻，他看到了燕小华有些难堪的脸色，便不再说话。

在东单的老饭店，方渐华正在宴请王兴、刘丰和龙莉莉。

"来，来，来，我们庆祝渐华开门红！"王兴举起酒杯，提议道。

"谢谢，谢谢朋友们的鼎力相助！"

酒过三巡，王兴说道："小明说身体不好，今天就不来了。他一直在表扬渐华，说你有韧性，能扛事，会办事！"王兴今天的心情似乎非常好，整个人说话、举止都显得神采飞扬。

"这都是沾了王兴兄的光，大部分是看在王兴兄的面子上帮助我的。来，敬您和蒋处。"方渐华不卑不亢地说着感谢的话，手中的酒杯敬向了王兴。

"也感谢龙大夫，帮了我一个大忙。"他转头又看向了龙大夫。

"举手之劳。"龙大夫笑了笑。

"龙大夫，外语学院的王力群老师，您认识吗？"

"您说的是德语系的王老师？"

"对的。她是我表姐。之前有一次和她聊天时，她说起过和协医院。"

"太巧了！王老师经常陪德国专家来医院讲课，我认识她，一直想请她教我德语呢！"龙大夫一下子来了兴致。

"为什么要学德语？"刘丰问道。

"在和协，德语是王道。另外，我也比较喜欢德语，表达准确，发音有力。"龙大夫非常爽快地说出了自己的想法。

"好呀，改日我来组个局。"刘丰说道。

"我举手参加。我也在自修德语，比较喜欢德语。"方渐华也顺势插入道，顺手夹了口菜。

"渐华，你的大内总管找得怎么样了？"王兴问道。方渐华一边吃着菜，一边摇了摇头。

"面试了好几位，要么是缺乏相关经验，要么就是年龄偏大，还在找。大伙有推荐的吗？"

"我倒是想起一个人来了，"刘丰开口说道。

"说来听听。"方渐华放下了筷子。

"她叫朱迪，是我表姐的学生，申城人。我曾经见过她，眼睛大大的，人也俊，主修德语，辅修英语，前年毕业，现在在一家德资咨询公司工作，听说德资企业要转到新加坡去，她不太愿意去。我帮你问问？"

"人品如何？"方渐华来了兴趣，这个人的硬性条件都不错。

"应该还可以，一直和我表姐有来往。"

"好呀，问问她，愿不愿意换个工作，然后我见见她。"

"来，来，来，走一个！"

这些天，方渐华有些忙碌。维修中心的施工正在进行中，而他正在筹备开业仪式，准备借开业机会，造势宣传。

由于工信部的江部长确定要来，其他部门的领导就比较容易请到，企业界的朋友、四大厂的领导也都表示亲自出席或派代表出席，外汇局、银行、海关、媒体的朋友也会到场。鉴于来宾级别高，方渐华便建议燕小华请王安博士出席并主持仪式。燕小华答应了，但方渐华一直都没有得到王安博士的反应。

"燕总，王博士能来参加开业庆典吗？"他忍不住问燕小华。

"王博士太忙，可能来不了。"燕小华说了一句，倒是显得很镇定。

"这次的来宾级别都很高，我担心自己把握不住局面。"方渐华有些着急，但他忍着心里的一丝恼火，还是温和地提醒他。

"没事，没事，这里还有我嘛！"燕小华慢悠悠地说道。

方渐华心里还是没有放弃这个念头。他略作思索，给王安博士发了一个传真，主要内容是介绍开业仪式的准备情况，包括来宾的介绍以及重要性，最后向王安博士发出了真诚的邀请。发送完后，他转身便向燕小华作了汇报和解释，并把传真的原件放在桌上让燕小华过目。燕小华看了看原件，又看了他一眼，一言不发。

在东单的一家咖啡厅，方渐华的对面坐着一位秀丽端庄的女性。方渐华一边喝着咖啡，一边微笑着说：

"朱迪，您好！感谢您能来和我见面，刘总工给我介绍了您的情况，我认为最好是见个面，深入沟通之后，再做决定，您觉得可以吗？"

"好的。"朱迪淡淡地笑着回应，她有着江南女孩的恬静淡雅，同时有着知识女性的落落大方。虽然只是简单的两个字，但一下子就引起了方渐华的注意。

"我先介绍一下公司的情况，在华的发展计划和我个人的情况，然后，再听听您的自我介绍、经历、职业规划，看看双方是否合适，最后做个总结——您看如何？"

"好的。"

这是一场非常愉快的会谈。方渐华非常喜欢朱迪的性格以及她待人接物的方式。而且在语言方面，朱迪又有英语和德语读、听、写方面的优势。唯一的不足是经历尚浅，但是哪个人的成功不是靠逐步积累经验而来的呢？方渐华想。

朱迪也非常喜欢方渐华的面试方式。方渐华低调、平和、说话又切中要点，对自己非常尊重，对事业也异常热情。这些优点都非常打动她。

原本说好双方都回去考虑一下的，结果俩人当场就确定了朱迪加入的事情。这个结果出人意料，但又不那么意外。

王安很快回复了方渐华的传真，答应出席并主持开业庆典。朱迪很快也顺利地入职了。随着朱迪的入职，行政、招人、施工……诸事都更为顺畅地运行起来，方渐华终于可以放开手脚，专注于开拓市场了。

一切都有条不紊地进行着，不知不觉已经由夏入秋。秋天的京城，已经有一些寒意了。这天下午快下班的时候，方渐华突然接到了朱迪的电话。

"方总，工地出事了。"

"什么事?别着急,是安全事故吗?"朱迪的电话令方渐华措手不及,但他很快稳住了慌乱的情绪,开始理头绪。

"不是的,安全一直在抓,是可控的。目前,工程只剩下外墙粉刷和一些零星的小活了。承包商来找我要工程款,说没有收到工程款,不愿意继续干活,说一旦活干完,就不好要钱了。"

"我们是否违约?"

"嗯……是的。工程款申请手续上的所签字是齐全的,但财务没有支付,都逾期一个月了!"

方渐华立刻明白了。最近他和燕小华的关系有些紧张,尤其是那个发给王安博士的传真,恐怕还是引起了燕小华的不满了。自己若是直接去找燕小华谈这件事,怕是燕小华早有准备,就等着自己找上门,然后给出许多理由不予支付工程款,那样还是解决不了问题。但是如果承包商拿不到钱,就不能按时交付项目。届时会给来宾留下怎样的一个印象?不可想象!

怎么办?方渐华的大脑急速转了起来,随后有了主意。

"朱迪,我知道情况了,谢谢您的汇报,我来解决此事。你放心,事情很快就会得到妥善解决的。"

与朱迪通完话后,方渐华立即给刘丰拨了电话。

"喂,您好。"

"你好,刘总工,我是渐华,想请你帮个忙。"

"你说。"

"红楼的施工方今天突然通知我们要停工,原因是艾美没有按时支付工程款。我查了一下,确有此事。公司内部出了一点问题,但不是财务的问题,而是人的问题。承包商是你介绍的,他们相信你,我保证开业后一周之内承包商会收到款项,麻烦您出面去做做工作,按期交付。否则，开业典礼让来宾看到活没有做完，大家都没有面子。"

"你肯定开业后一周内他们能收到款子？"刘丰听懂了方渐华的意思，但还是有些疑虑。

"肯定。我说过问题出在人身上，王安一来就可以解决此事。"情况紧急，方渐华也亮出了底牌。

"好的。施工单位一直在厂里干活，我的面子，他们还是要买的。我去做做工作，但是不能保证他们明天复工哈。"刘丰是相信方渐华的为人的，既然对方都作了这样的保证，他也放心地给了答复。

"谢谢了，我心里有数。"

方渐华估计，有刘总工出马，工人的事情应该不难解决。现在比较烦恼的是燕小华那边，到时该怎么样向王安博士说明情况，让燕小华心甘情愿地把钱拨下来呢？

第二天早上，方渐华接到了朱迪的电话。

"方总，承包商复工了！"

"知道了，抓紧时间做好其他的准备工作吧。"

"好的，我马上去。"

10月18日，是一个吉祥的日子，这天上午10点18分，艾美公司驻华维修中心正式开业。随着鞭炮声响，王安博士作为主持人，上台欢迎各路来宾。工信部的江部长在致辞中充分肯定了艾美公司的战略眼光和实干精神。令方渐华意想不到的是艾美公司的首席执行官摩根先生也来了，并且还发表了热情洋溢的讲话以感谢江部长和相关部门的支持。

会场周边彩旗飘扬，台下宾客掌声雷动。这次开业典礼十分成功。但方渐华还没有心思享受成功的喜悦，乘着王安博士在，他要找个机会，在大家都不尴尬的情况下，把工程款的事情解决。

在京城饭店的咖啡厅内，王安、燕小华和方渐华正在边喝咖啡边聊天。

"渐华，干得不错。没想到你这么快就干出了成绩，维修中心的开业典礼非常成功。摩根先生表示很满意，他也让我代他向你表示感谢。"王安博士开门见山地表示了对方渐华的肯定。

"谢谢王博士，也谢谢摩根先生，这是我应该做的。"

"燕博士，也感谢你的大力支持。"王安把头转向了一旁的燕小华。

"我只是帮帮忙，主要是靠渐华。"在王安面前，燕小华终究有些心虚。

"嗯，维修中心招人的事怎么样，有进展吗？"王安继续问燕小华。

"我从应聘候选人中挑了一些人选，总部面试未能通过，所以我们还在找。"燕小华低声说。

"嗯，要抓紧！渐华，今天这个朱迪不错嘛！她是你招来的吧？"为了接待宾客，朱迪一直在台下忙碌，没有上台，但她青春、自信的谈吐，标准、流利的英语，吸引了不少人的注意，这其中就有摩根先生还有在一旁陪同的王安博士。

"感谢王博士的认可，朱迪的确能干，对公司的事也很尽心。"招朱迪进公司，也是令方渐华颇为自豪的一件事。

"渐华，你朋友多，能力强，也帮我们找找维修中心的干部吧？"王安博士边说边轻轻拍了一下燕小华的肩膀。

"好，王博士。"

"很好，你们还有什么要问我的吗？"王博士看起来准备结束聊天了，方渐华想到，便抓住这个机会突然把话题转向了燕小华。

"对了，燕总，我这有份施工单位的请款单，逾期四十多天了，我们能尽快支付吗？"一边说着，方渐华一边从公文包里取出了请款单。

燕小华一惊，神色有些紧张地拿过请款单看了看，又小心地看了方渐华一眼。方渐华没有把话讲透，似乎并不想把工程款的事搞大，于是他立马装作刚刚知晓的样子说道："哎呀，这真是，一忙，这么重要的事都忘了……放心！我立即处理此事，三天内放款。"说完，还拍了拍胸脯。

"那谢谢燕总了。"

王安博士饶有兴趣地看着两个人一唱一和。以王安博士的阅历，当然一听就知道其中有故事，不过既然两人都不想说破，他也装糊涂便是。

"好，非常好！燕博士，你有什么问题要问我吗？"他打趣地看着燕小华。

"没有，老板，您早点休息。"燕小华的神色依然还有些狼狈，现在大概只盼着王安博士快点离开。

"那好，你们先聊，我有点累了，先上去睡了，晚安。"

"晚安。"方渐华和燕小华异口同声地说道。

半导体芯片制造所需的主要设备

第十章
设备博览会

一转眼，艾美公司的维修中心迁入红楼已经一年了。在二楼的会议室里，王安、燕小华和方渐华正在讨论新年的工作计划。

"今年的销售业务完成了1 000万美元，成绩不错，但是离我们5 000万美元目标的差距仍然比较大。渐华，你有什么打算？"

"从销售产品上看，外延炉卖得比较好，占30%左右，其他设备比如刻蚀、热处理、离子注入、清洗等不超过10%，而我们的优势产品PVD、CVD的销售额几乎为零。因此，明年的计划，我建议继续扩大外延炉的市场，形成在较为未定的市场份额和局部优势。"方渐华看着桌上的数据报表，每说一句，都仔细斟酌着自己的发言。

"继续讲下去。"王安博士鼓励道。

"从客户方面看，70%的客户是美国企业，而且购买的大多是二手设备。所以，设备翻新和售后非常重要。一方面我们要继续增加客户的联系和黏性，另一方面，我们可以适当加大二手设备的采购、翻新和市场能力，打通各环节的壁垒。"

"还有吗？"王安博士点了点头。

"日本、韩国以及欧美这些国家的芯片制造商，当然还有中国台湾地区的芯片制造商，现在是芯片行业的主要玩家。中国本土的半导体企业，如申城、梁溪市、京城、海河市的各个大厂，也会盯着这块蛋糕，在这方面我建议提前布局。"方渐华看着自己在数据报表上做的最后一个标记，冲着王安点了下头，示意自己讲完了。

"很好，谢谢。燕博士，您的意见呢？"

"集成电路是投资密集型行业，大陆本土生产商在短期内应该不是我们关注的重点。"燕博士推了推眼镜，不紧不慢地说道。

"我原则上同意你们的意见。"王安博士看了看两位,发现他们两人的观点基本与自己的不谋而合。

"总部会保持与现有客户的沟通。只要有欧美企业来华投资,我们就一定不要放过任何一个机会。预计明年,总部会成立一个专门小组来协调二手设备的销售、采购、翻新和售后。"王安作了下总结,随后又提出了公司的新要求。

"摩根先生告诉我,1988年,也就是明年的7月,SEMI-CON要在申城举办首次展会。摩根先生是SEMI-CON的董事,艾美是会员。他下了指示,艾美要积极准备参展。所以现在——我们一起讨论一下吧。"说完,王安便忍不住从椅子上站了起来,来回踱了几步,把手放上了椅背,满是期待地看着眼前的两位得力干将。

"预算是多少?"燕小华问道。

"你打算申请多少?"王安反问道。

燕小华没有作声。

"布展应该由三部分费用组成:场地租赁费,布置设备及安转费用和工作人员的工费。"王安简单说明了一下,然后继续说道,"设备费用和工作人员费用占大部分……你们有什么建议?"

"关于设备安装,我们这边没有专供展会的样机。能不能不展出样机,用模型代替?"燕小华试探性地问道。王安博士低了低头,转而看向了方渐华。

方渐华看了一眼燕小华,停顿了几秒后说道:

"我们明年7—8月大约有六类不同的设备按合同必须交付给客户,在交付之前,我们可以用来展出。展出时间为十天,加上两天安装,两天拆后重新包装,共十四天……为了保险起见,就算二十天吧。剩下的问题是要么总部排产时间提前二十天,或者与客户重新商议延迟交货二十天,两种情况都会产生费用,但是与专门运送样机参展相比,费用要节省许多。"

"渐华,继续说下去!"王安博士起了兴致。

"关于参展人员的问题,我建议可以以维修中心的人员为主。当然,总部可酌情派专家来华指导。"

"燕小华,你有什么补充吗?"王安一脸兴奋地看着两人。

"没有。"

"好的!渐华,你准备一下布展申请,尽快落实与客户的交货补充协议,给客户一定的补偿,我们就来个草船借箭——当然我也会安排总部同时比较一下,看看排产插队的费用,争取在今年11月底定下方案。"王安飞快地说道,又开始来回踱步,一个转身后又连下了几道指示。

"同意你安排京城维修中心的同事来申城布展。"

"另外,总部会派专家举行技术演讲,宣传艾美产品的优势,我们也会邀请摩根先生前来助场。"

7月的申城,十分炎热,而在申城展览馆内,气氛更加热烈。三百多家来自日本、韩国以及欧美国家的企业以及这些企业的代理商正在参加首届SEMI-CON展览,他们展出了各自的产品与缩小版的产品模型。艾美公司的实体外延炉、蚀刻、离子注入机被安排在整个场馆的中心位置,占了80平方米,十多名艾美公司的工作人员正在与参观者沟通、交流与洽谈,为他们现场展示设备的结构、性能。

高耸宽敞的场馆大厅充斥着风扇与人声交杂的嗡嗡声,夹带着闷热潮湿的气息,但这些都影响不了在场所有人的热情,每个人都毫无保留地在自己的舞台上挥洒汗水。

一位五十多岁的长者正在和方渐华进行交谈。方渐华身上红色的T恤已经被汗水打湿，但他并不在意。通过刚才的几句交流，他发现这位长者不像是普通的参观者，从他口中说出的几个词语都非常专业。不知道这位先生是个什么来头。一边聊着，一边猜测着，方渐华愈发兴奋起来。

"你们公司很重视国内市场呀！"长者又看了一眼展台，满脸欣喜地说道。

"您是指我们投入大，带来了实体设备吗？"

"不仅仅是实体机，你们的参展阵容也很强，专业讲座有水平，包括现场的工作人员，穿着统一色的艾美T恤，非常精神，鹤立鸡群。"长者满面红光，说话中气很足。他毫不吝啬地称赞艾美公司的展示阵容，令方渐华都有些不好意思起来。

"您过奖了，我是艾美的方渐华，负责这次布展和相关活动，感谢您的盛誉。请问您是哪个单位的？"

"方总，你好！我叫唐德元，在中国科学院工作，主要研究集成电路设备。"说着，唐德元主动地伸出了右手。

"唐总，您是行业专家，请您多提提意见。"原来还真是个资深同行，方渐华像是捡到了宝贝，双手紧紧握住了唐德元伸出的右手。

"意见谈不上，艾美公司是顶尖的美资设备厂，能在本次展览中大手笔投入，想必是看好国内市场的。"唐德元谦虚地一笑，亲切中带着几分威严。方渐华不敢怠慢。

"不瞒您说，我们公司的高层以及首席执行官会定期来国内访问、调研，的确十分看好中国市场。"方渐华想了想，继续说道，"唐总，今晚7点我们会在和平饭店的北楼举行小型的答谢宴会，我们公司的首席执行官摩根先生也会出席，能邀请您参加吗？如果您有任何问题,我相信您一定能得到满意的答复。"

"好呀!非常感谢方先生的热情相邀,我一定准时到!"唐德元也开始兴奋起来。

方渐华恭恭敬敬地递上了自己的名片:"我会和饭店的工作人员打好招呼的。您来时直接报上我的名字就行。"

"好的,我们晚上见。"唐德元收好名片,也向方渐华回赠了自己的名片,随后便去了其他展位。他那饱满的精神状态给方渐华留下了深刻的印象。

和平饭店四楼阳台上,摩根先生正穿着衬衫,左手夹着雪茄,右手端着酒杯,喝了一口后,指了指夜幕下的浦江说:

"吉姆,你知道这江水流向哪里?"

"应该是流向大海吧。"他身旁的一个外国人,正惬意地靠在阳台护栏上,看向江的远方。夜黑了,这里的灯光并不多,他只能大概推测。

"对,中国的地势是西高东低,水的源头来自青藏高原,江水蜿蜒数千公里,流到申城,最后汇入大海。"

摩根吸了一口雪茄继续说道:

"你对这次展览怎么看?"

吉姆是SEMI-CON全球副总裁,曾任得州仪器欧洲区总经理,和摩根是加利福尼亚理工学院的同学。这次展览是在中国的首展,董事会非常重视,特意指派吉姆来申城主持这次活动。摩根是董事,俩人此时正在复盘这次展会。

"三百多家厂商参展,其中70%来自日本、韩国等亚洲国家,台湾地区的表现也很出色,欧美厂商占20%左右,十天约4万人参观,其中周日人数最高，几乎达到五千人，除去两个周日，每天约三千到四千人的流量，其中你们艾美人气最旺。对了，有多少人去过艾美的展台？听说有不少专业人士都被吸引去了你们的展台。"

"来艾美公司展台的人数很多，但参观者的质量不好判断，总的来看，潜在买家并不多。这次只是首展，市场培养仍需要一定的时间，就像这江水一样，几经辗转，最后才汇入大海。"夜晚的浦江略微带走了白天的热气，江面上传来的风给人带来一丝柔和的感觉，滨江建筑上的黄色灯光更是柔和，引人睡意，但摩根此刻却反而感到兴奋。这次展会的结果虽然尚在他的预期之中，但参加这次展会的艾美公司员工昂扬的精神势头却让他欣喜不已。他转过身看了一眼和平饭店的尖顶。他脚下的这座远近驰名的建筑，曾经见证过各色人物的冒险、奋斗，而如今，轮到他登上舞台了。这次展会，只是一个开始。

"中国的人口多，人民勤劳、善良，整体消费水平相对还比较低，国家也刚刚开始步入改革，集成电路的研发、制造也刚刚起步。"吉姆看着黑色的偶尔反射着些许灯光的江面，慢慢说道，"而这意味着两点：第一，市场有极大的发展空间；第二，勤奋友好的人民提供了优良的产业工人，只要组织起这些人，给他们设备和技术，就能很快地形成强大的生产能力。未来，这里会成为一片蓝海！"说到这里，吉姆原本有些慵懒的眼睛里也闪过了一道光。摩根、吉姆，两个来自大洋彼岸的精英人士，不约而同地转过头，笑着冲对方举起了酒杯。

"Cheers！"

第十一章

释疑

和平饭店阳台的这一边，摩根同吉姆畅谈芯片产业的未来。而在阳台的另一边，方渐华正在和美国驻华商务部的凯文·米勒聊天。

"方先生，你们在华销售情况如何？"凯文穿着西装，拿起桌上的红酒喝了一口问道。

"公司刚刚起步，主要销售的产品是二手设备，客户基本都是些老客户。"

凯文点了点头。

"那你们卖给梁溪市的外延炉，客户反映如何？"

方渐华琢磨了一下，这位商务部的官员上个月刚刚签发了一台刻蚀设备的生产许可证，可能会对设备的用途有些疑虑，于是说道，"今年4月，我们帮助客户安装了4台外延炉，上个月回访客户时，客户反映良好。"

"有没有这种可能，他们在等你们安装好设备后，拆走，然后转手到军用工厂？"凯文紧了紧眉头，直接地说出了自己的担忧。

方渐华严肃地回答道："米勒先生，艾美公司出售的立式外延炉，符合商务部有关规定，同时也是符合相关协议规定的设备。这次的中国客户是一家国营企业，产品是民用性质的。由于设备需要定期维修，我们会定期回访设备，目前，没有发现您说的那种情况。"

"哈哈，我只是随便问问，没有就好。"凯文连忙喝了一口酒，缓解紧张的气氛。

"中国有句古话，'眼见为实'，要不这样，下个月我们还要去梁溪市安装另一台设备，你到时候跟着我们，亲自去考察一下？"方渐华想起以前孙约翰博士、王安博士都曾再三叮嘱过"不得用于军工"

这个规定，他理解米勒先生的担心，便灵机一动，想到了这个方法。

"方便吗？"凯文果然对这个提议产生了兴趣。

"用你现在的身份直接去考察可能会引起企业的警觉和防备。我们可以换一个身份。"方渐华想了想，"从广义上来说，你也是我们的客户，如果以客户的身份去实地考察，看到的情况可能会更真实。"

凯文再次点点头，看来对这个方案比较满意。

"我下个月中旬有时间，那就麻烦方先生安排一下。"

"好。"

8月中旬，方渐华在梁溪市火车站接上了凯文和他的太太凯伊。

"凯伊，凯文，你们看这样安排好不好？"他们三人已经坐上了轿车，方渐华回头对着后排座的两位问道，"我们先去宾馆放行李，休息十分钟，然后凯文和我去梁溪市半导体厂考察。厂里的林书记和周总工到时会进行接待。梁溪市是一座文化比较悠久的城市。我太太慧珍现在正在宾馆等着我们，到时让她陪凯伊去市中心逛逛。到了晚上我们再一起吃个饭。"

"客随主便，感谢方先生的安排。"凯文和妻子交换了一下眼神，欣然答应。

方渐华同凯文坐车到达梁溪市厂的时候，林书记和周正宇已经在门口等着了。

"这是我们艾美公司的另一个客户的代表，凯文·米勒先生，今天想来这里考察一下我们公司的产品。"虽然提前在电话里说过，方渐华还是郑重地作了介绍。和方渐华是老朋友了，梁溪市厂的两位负责人也非常热情地与凯文打了招呼。

正式的安装人员还没到，林书记先带着一行人参观了工厂的厂区。在林书记的办公室，林书记简单地给凯文介绍了梁溪市厂的发展历程。在听林书记介绍完工厂的规模和厂里的基本情况后，凯文开口问起了艾美设备的使用情况。

"听说贵厂购买了几台艾美公司的外延炉设备。你们使用后觉得如何？"

方渐华将凯文的意思作了简单翻译，周正宇回应道：

"我们和艾美公司的合作十分愉快，艾美的设备先进，服务优质，我们很高兴选择了艾美的设备。"

"艾美公司的售后服务怎样？如果设备出了问题，他们会及时派人处理吗？"

"当然。不过艾美的产品优质，还没出过什么大问题。而且会定期派人来维护。目前为止，我们是相当满意的。"周正宇很快地回复道。

"我能看一下维护记录吗？"

周正宇愣了一下，看向了林书记。林书记立马说道："当然可以。"他打了个电话，很快有人送来了记录本。凯文看到记录本上的日期，确实与方渐华说的吻合，点点头说道：

"看来艾美的售后服务确实不错，维修、定期养护做得很到位。"

"我们能去洁净室看看你们的生产车间吗？"合上记录本，凯文继续问道。

"当然可以。"林书记很坦然地说道，随后便带领着几人向生产车间的方向走去。

在更衣室，四人更换上了洁净服，两人一组进入风淋室，站了十秒左右，接着便走进了生产车间。当经过艾美的设备时，方渐华停下脚步，指着外延炉对着凯文说："这就是我们的设备"。凯文走近设备，仔细看了设备的铭牌，确认没有拆卸重装过的痕迹，终于满意地点点头，跟着队伍继续考察了下去。一旁的方渐华一直紧绷的心终于也放了下来。

晚上，林书记做东，方渐华作陪，在梁溪市天一广场的梁溪饭店准备宴请凯文和凯伊。当一行四人赶到饭店时，慧珍和凯伊已经在包房等着了。两位女士有说有笑，已经宛如姐妹。方渐华看到，凯伊和凯文一见到对方出现，便相互点了点头，露出了微笑。

"不好意思啊，让两位女士久等了。"方渐华开玩笑似的说道，慧珍脸上的微笑也让他安心了不少。看起来她和米勒太太玩得挺开心。

"我们下午去了梁溪市博物馆，看了很多上千年的文物，凯伊可喜欢了。"慧珍笑着说道。慧珍本就是外语学院毕业的，方渐华留学的那些年，她的英语水平更是突飞猛进，如今用英语和米勒太太交流完全不在话下。

"你们看，我买了什么！"四位男士定睛一看，只见凯伊从小包里拿出一个小泥人来。

"哟，阿福啊。"林书记和周正宇异口同声道。

"这可是我们梁溪的特产，有眼光。"林书记乐了。

"凯伊来中国以后，就喜欢上了中国的文化，喜欢中国的美食，喜欢博物馆里的古人的衣服，喜欢中国人的画，这下，又加了一个……"凯文有些无奈地笑道。

"不过阿福可是个好东西，有吉祥的寓意。"林书记举起了酒杯，说道，"米勒先生和米勒太太莅临梁溪市考察，远道而来，我提议咱们敬米勒先生和太太，也祝两位身体健康！"

方渐华用英语将林书记的话翻译给了凯文和凯伊听,米勒夫妇连忙起身致意。一桌的人也都举起了酒杯,一饮而尽。

　　"感谢林书记的热情接待。梁溪市半导体厂是优秀的中国企业,在林书记的管理下,生产井井有条。祝贵厂在林书记的领导下,生意蒸蒸日上,干杯!"凯文笑着回敬道。

　　"干杯!"

　　自此以后,所有艾美公司送上的设备生产许可申请,都得到了美国驻华商务部的及时处理、批复。

外延炉设备

第十二章
家宴

方渐华开车驶入美国的一个高档社区。现在正值12月，社区的房屋外都挂上了一串串小黄灯，勾勒出了建筑漂亮的外形。屋外虽然有阵阵寒意，但从这家或是那家的屋里时不时传出的欢笑声，加上黄色灯光的映照，依然给这安宁的社区带来了不少暖意。车子最后停到了一幢别墅的旁边。别墅的窗前是一块灯光秀的灯箱，灯光秀的画面中布置着一个马槽，一位妇女正温柔地看着怀中刚出生的婴儿。

方渐华轻轻地敲门，门开了，王安博士和他的太太热情地伸出双手，向他们的客人敞开怀抱。

"圣诞快乐，露西，圣诞快乐，王安。"

"圣诞快乐，慧珍，圣诞快乐，渐华。"

温暖的客厅里，王安博士的女儿、女婿、儿子、儿媳，还有几个小朋友正在看着电视机。壁炉旁边是一棵2米高的圣诞树，点缀着灯和星星，树下是用装饰纸包装起来的各种礼物。厅里的人看见慧珍和渐华进来，纷纷站了起来。露西对着一群晚辈介绍说：

"慧珍和渐华是爸爸的同事，从京城来这里出差，正好赶上圣诞节，我们就邀请他们来家里共度圣诞节日。"

几个年轻人热情地向两人挥手："欢迎慧珍，欢迎渐华。"

慧珍拿出准备好的礼盒递给露西，露西一边说着谢谢，一边将礼盒放到了圣诞树下。

大家坐下之后，露西向方渐华夫妇逐一介绍了房间内的人。王安笑着叫起一个手里拿着玩具飞机的小男孩，说道："罗斯，能不能自我介绍一下？"

小男孩站了起来，走到慧珍面前，大声说道：

"慧珍阿姨，渐华叔叔，你们好，我叫罗斯，今年三岁，马上就要上幼儿园了。"

"罗斯，你喜欢飞机？"方渐华指了指小男孩手里的玩具飞机。

"非常喜欢，长大后我想开大飞机。"

说完，罗斯便拿着玩具飞机，自顾自地围着沙发转起圈来。

小孩子很容易让人产生一种怜爱之感。看着天真可爱的小罗斯，方渐华不自觉地笑了起来。他想到，王安博士自己事业成功，妻子充满活力、能干，又有这么多儿女，年纪轻轻已是三代同堂……想到这些，方渐华忍不住羡慕起王安博士来。

生活中的王安博士虽然有时也会流露出一种大家长式的威严，不过大部分的时候，都能和自己的几个儿孙很自然地交流，相互间还会开开玩笑，总的来说不像工作中那么雷厉风行。平日里的王安博士有时会给人一种畏惧感，不过此刻，方渐华倒是感觉和王安博士亲近了不少。

晚餐后，大家进入了拆礼物的环节，慧珍收到的是一条红色的围巾，渐华得到了一个保温杯，小罗斯得到了一架直升机模型……

在离开王安家的时候，方渐华再次表达了自己的谢意，王安笑着说："下次带上你们的女儿一起来家里做客，圣诞快乐！"

开车回住所的时候，方渐华心里暖暖的。老实说，方渐华的心里其实一直都很感谢王安。在工作上，是王安把自己招进艾美公司，培养自己，全力支持自己的工作，即便有责骂也只是就事论事。在生活上，王安待自己如家人，在各个方面都想方设法地给予照顾，逢年过节也会打电话问候自己和家人，让他感到十分温暖。虽然王安的年龄要比自己小几岁，但方渐华觉得，从某些方面来说，王安博士倒更像是自己的前辈、引路人。

第二天早上,方渐华开车来到了一块停车场上。由于是假期,停车场上只是零星地停着几辆车,颇为冷清。方渐华将车停稳后,对坐在副驾驶上的朱迪以及后座上的另外两名同事说:"我现在开始教你们开车,我们就在这停车场上练习,每个人十分钟,主要是找感觉。"

首先是朱迪,她甚是专注地看着方渐华的每一个动作。后面的两个人,则趴在前座的椅背上,尽可能地伸长了脖子看。

"你们看,左脚踏板是离合器,右脚是油门和刹车,右手边是排挡。记住,换挡时,必须先踩左脚离合器,右手再拨挡位,换好挡后松开离合器,加油,一挡起步,车子动起来后,立即换二挡,再换三挡,三挡一般的速度是15—20公里/小时,30—40公里/小时要换四挡,40公里/小时以上换五挡。"

"我们的挡位要从低到高进行换挡,由于在停车场练习,车速不会太快,换到三挡即可。"

三名学车的同事各自点着头。

"我先演示一下。"紧接着方渐华便开始按着自己方才所说的,踩下了离合器。

"看清楚了吗?"一系列操作完成后,他问朱迪。

"看清楚了。"朱迪说道。

"好,朱迪,你来试试,我坐副驾驶,然后是威提和立新。"方渐华朝后座的两位看了看。

"好的,渐华。"

中午12点30分左右,方渐华带着三人回到了租住房子中,慧珍和另外三位同事正好从厨房端出刚蒸好的鱼。桌上已经摆好了丰盛的午餐,有红烧排骨、水晶鸡、烤牛排、洋葱鸡蛋、青菜……。

"哇,好丰盛的午餐。"朱迪感叹道。

"谢谢慧珍。"另两名同事异口同声说道。

"不用客气。你们从国内来,可能吃不惯西餐,平时工作忙又没空自己做。这不放假,我给你们加个餐。"慧珍笑着说道,"好了,红星、小王、小张,你们去洗下手,准备一起吃饭吧。"

朱迪一行六人是来总部进行为期六周的培训的,朱迪是唯一的行政人员,其他五位是维修人员,他们正在总部学习相关设备的性能、安装、使用以及维护的知识和实操。

不一会,大家各自找位子坐下了,方渐华端起饮料看着大家说道:

"今天是美国的圣诞节,祝大家圣诞快乐!"

"圣诞快乐!"大家都举起杯子一起说道。

"圣诞节过后就是我们的元旦,祝大家元旦快乐!"

"元旦快乐!"

热闹的开场过后,大家开始尽情享用着桌上的美食,方渐华随意地夹起一块红烧排骨,塞进口里,含含糊糊地问道:"朱迪,你为什么想在美国考驾照?"

"当然是方便呀。我准备回国后就买部车,有车就方便多了。在国内考驾照要进驾校,费用也高。渐华,能介绍一下在美国考驾照的程序吗?"

"嗯嗯,在美国考驾照的地方是DMV,就是车管局,各个城市都有。先考笔试,主要是交通规则,驾驶知识方面的。笔试之后是路试,在路试的时候不要盲目地听考官的指令,而要首先判断他的指令是否符合交通规则。"方渐华继续说道。

"哦?"大伙都在听方渐华的讲述,听到"不听指令"几个字感到有些新奇,纷纷抬起了头。

"我有个朋友吃过亏。他正在行驶通过一座大楼时,考官要他靠边,他马上打指示灯靠边,动作十分标准,但结果却没过,你们猜什么原因?"方渐华卖了个关子。

"为什么?"

"因为他停在了'不许停车'的标识下。"看着众人恍然大悟的表情,方渐华喝了一口饮料接着问道,"上午大家练车感觉如何?"

"非常棒,能自己开车的感觉真好!我们下午接着练?"上午学车的一名男同事忍不住兴奋地说道。

"下午休息一会后,我陪红星他们去练车。朱迪,你们在家休息,也顺便帮慧珍准备晚餐。"

"对了,我有一个问题。我前几天发现,在美国很多商店往往不收支票,更喜欢收现金和信用卡?"朱迪突然想起来自己的一个小困惑,脱口而出。

"我来回答这个问题吧。"慧珍笑着答道,"当商家收到支票后,就会存入自己的银行,然后自己的银行去客户的银行划账。但有这种可能,客户写了支票,可其实账上并没有钱,那么商户就会收不到钱,也就是所谓的空头支票。"

"明白了!"

"说到空头支票,我给大家讲个故事吧!"方渐华插嘴道,"话说有四个人,都是好朋友,一天在一起商量死后的安排,四个人分别来自俄罗斯、美国、德国和以色列。俄罗斯人说:'如果我们之中有人先挂了,其他的人一定要来参加丧礼,不能空手来,必须带1万元钱,给逝者在天堂中使用。'几年之后,俄罗斯人挂了,他的美国、德国和以色列的朋友来到俄罗斯人的葬礼上,以色列的朋友问:'你们带钱了吗?''带了带了!'德国人先把1万元现金放到死者的棺材上,美国人也将1万元现金甩了出来。这时,以色列人写了一张3万元的支票,放在棺材上。当其他两位朋友正在奇怪为什么他多给2万元时,以色列人收起了2万元现金,放入自己的怀中。"

"哈哈哈,以色列人真聪明。"大家都笑了起来。

"慧珍,我们回国的时候带点什么礼物回去呢?"一个同事问道。

"大多数人会购买一些国内买不到的,或者在国内价格高,但在美国比较便宜的物品。"慧珍说,"例如深海鱼油、卵磷脂、维生素等,当然也有人喜欢买一点小电器,如收音机、录像机等。买电器时要注意输入电压,在美国的电压是110 V,而中国的是220 V,所以买的时候可以选择那些电压输入110～220 V的电器产品,这些是可以回国使用的。"

"好的,好的,谢谢慧珍。"同事连连点头。

"不用客气的,你们回国之前,我和渐华可以陪你们去商店购物,去'开市客'买点保健品。"慧珍接着说。

"那可太好了,谢谢慧珍。"

吃完午餐后,方渐华捧着一杯咖啡到阳台上晒太阳去了,其他人则帮着慧珍收拾餐桌和厨房。一屋子人有说有笑,其乐融融。

方渐华入职艾美公司后的这些年,在他的主持、带领下,艾美公司在华团队的销售业绩很快突破了5 000万美元/年的目标。到1994年年底,中国区团队的人数增加到了150人左右,新增客户包括先进半导体、贝岭、飞利浦等中外企业，艾美公司还在申城的开发区设立了办公室，以便更好地服务客户。因为种种卓越的表现，方渐华于1994年晋升为艾美公司中国区的总经理。

第十二章

家宴

圣诞节

第十三章
困难

1994年年底,在申城的龙之梦宾馆宴会厅,艾美公司正在举行年终总结大会。宴会厅约500平方米,偌大的会场里充满了欢声笑语。年终大会先是播放一组各个团队从不同项目上录制的问候与祝福作为暖场,之后则是方渐华的年终总结。

已经五十多岁的方渐华比起初入公司那会,更显成熟老到,他站在宴会厅的舞台中央,缓慢而又深情地回忆这一年来中国分公司上下的经历与得失,最后他说道:

"亲爱的同事们,今年在各位同仁的共同努力下,我们中国区团队的营业额突破了1亿美元。

"今年我们新增的客户有贝岭、飞利浦、上城半导体。新增客户的数量是衡量我们市场占有率的重要指标之一,希望市场部的同事们再接再厉,明年拉到更多的客户!

"我们要表扬梁溪市908工程的销售和维修团队,这是我们中国区第一次成套设备出售和维修,项目团队从前期销售、安装、调试、维保等各方面都做出了卓越的贡献,收到了客户的好评,让我们一起向梁溪市908工程团队表示祝贺和感谢!

"在此还要向大家通报一个情况。公司总部预计,半导体行业在持续高速增长之后,可能会进入一个横盘调整期,甚至会出现短时间的下降,届时我们分公司将相应做出一些结构调整和部署,待报总部批准后,再向大家汇报。

"祝大家新年快乐!"

年终总结的末尾部分引起了台下一阵小小的骚动,但很快便恢复了平静。后面的节目是员工的歌舞表演、小品表演,威提小组模仿表演黄宏、宋丹丹的小品《超生游击队》。威提这个大小伙子居然反串表演孕妇，滑稽的模样引得全场哄堂大笑。阵阵掌声过后，整个宴会厅充满了欢乐与轻松。

会上，燕小华博士还给先进集体和个人颁发了奖金和证书。当喜庆的音乐响起时，每个人脸上都写满了对来年的期待与向往，但此刻大部分的人并未有意识地想到寒冷即将来临。

几个月后，在开发区艾美办公楼的会议室里，唐德元、方渐华和燕小华正在激烈地讨论着有关维修团队去留的问题。他们三人中间放着一部黑色的电话，开着免提，电话的另一头是王安博士。

"海河市摩托罗拉厂由于种种原因，取消了设备购买和维修合同，我们面临的问题是经过筛选、培训的54位维修团队成员没有活干，怎么办？"方渐华首先说出了他们正面临的问题。

"公司是不养闲人的，没有项目，只能妥善遣散这些员工了。"燕小华说道，他的想法相当明确、简单。

"我不同意！"唐德元立即反驳道，"第一，取消合同可能是短时间的，如果行业复苏，我们很难再迅速找到合适的人选。第二，培训这些人员，公司已经投入了大量精力和资源，同时公司也是对他们有承诺和义务的，我不同意简单地遣散他们。"

唐德明以前在中国科学院工作，非常看重技术人员，一听燕小华说要遣散这些人，立马急了。

"两位都有道理，渐华，你怎么看。"电话那头传来王安博士的声音。

"我们能不能跳出中国这个圈子来看这个问题？"方渐华犹豫了一下问道。

"嗯,这是个好问题。"王安博士似乎看出了方渐华的思路,接着便说出了自己的看法,"艾美公司大陆分部暂时出现维修人员剩余问题,但在法国、比利时和新加坡分部却严重缺乏人手,我们可以考虑分流一部分人到其他国家和地区去。"

"但是我国的人员存在着语言和生活适应能力差的问题,比如不能自行开车去客户厂房……"燕小华提出反对意见。

"我国的维修人员的确存在语言问题,英文只能做一些简单沟通,但是我们是否可以考虑派翻译?至于开车则不是问题,大部分维修人员在总部培训时都获得了美国驾照。"方渐华在一旁补充道。现在他暗自庆幸当初让每个来受训的人都学了开车。

"我可以考虑一下,联系法国、比利时和新加坡区的主管,渐华可以直接和他们谈需求。"王安进一步设想了问题的解决办法,这时他停顿了一下,"只是……成本如何计算和摊派呢?"

方渐华停顿了一下,心想目前最主要的是保住这些维修人员,钱上面可以做些让步,便说道:"我们可以根据公司转岗费率进行结算,多出的人员如翻译等产生的费用可由中国这边出。燕总,您同意吗?"

"嗯,我们等一下再框一下数字,深入研究一下吧。"燕小华回答道。

"好,谢谢王安博士,燕总,唐总,我们先采取外派的形式解决2/3的人员,剩下1/3的人员可以补充到现存团队中。或者我们可以强化一下我们中国区的销售团队后续与法国、比利时和新加坡团队的联系。具体的需求对接就由我来牵头,下周三拿出一个初步方案,供大家讨论,如何?"看到大家基本达成一致,方渐华有了底气,说出了自己的计划。

"好的,谢谢渐华。"方渐华看到唐德元投来了感激的目光。

6月的新加坡,天气已经十分炎热,在工业区的一家半导体生产厂房,方渐华穿着洁净服、洁净鞋、面罩,正在一台CVD设备附近与同事交谈。虽然明显感到汗流浃背,但方渐华并不在意,他的注意力全集中在了中国区外派人员的工作情况上。

"厂里面有多少艾美的人员?"

"九位。"唐德元回答道。

"由哪些人员组成?"

"五位是从中国来的,我和威提负责指导安装,其他三位负责记录,主要有CVD、PVD和外延炉三类设备,美国方面则派了三位专家和一个项目负责人对接客户。"

"整体感觉如何?"

"工作是严格按计划来执行的,CVD调试不顺利,良品率存在一些问题。"唐德元说了工作上的困惑。

"主要是什么问题?"

"是系统性的问题,一般调试结果会有高低变化,整个CVD流片都达不到预计的良品率,我们查过了原材料、软件、腔体的参数指标,都显示正常,但是整体运行结果不好。"

"特殊气体的输入是否符合技术要求?"

"嗯……这个我们没有查。我们应该仔细查一查Facility Utilities的质量,看看他们是否满足设备要求。"

"良品率上下波动比较正常,可能是设备的问题,如果是系统性的低良品率,就建议你们查一查输入的条件。"

"好的,谢谢渐华。"

"还有什么体会呢?"

"技术差距,这里的设备和技术领先国内两到三代,对我们来说是开阔了眼界。"说起这个,唐德元很有感触,对于他这样的理工科出身的人来说,能见识到更高端的领域,不管怎样都是一桩幸事。

"好的,珍惜这宝贵的机会。"方渐华想起曾经的自己,也深有感触。

"是的。"

在法国塞纳河边的中餐厅里,七八位中国人正在聚餐,其中一位领导模样的人,手举着啤酒杯说道:

"感谢大家背井离乡,来到美丽的法国为公司工作,大家辛苦了。"

"渐华也辛苦了,来,大家举起酒杯,感谢领导来视察指导工作。"李怀中是这个小组的负责人,他也举起了酒杯,向着桌子那一头的方渐华敬酒道。桌边的几个同事也纷纷举起的酒杯。

"怀中,这里人员情况如何?"方渐华做了一个打住的手势,笑着问道。

"在法国,艾美公司服务三家工厂,我们一共有七位同事,每家工厂有二位同事,还有一位是跑后勤的。"李怀中一边介绍着,一边用手指向负责各个岗位的同事,各位同事一一点头示意,"我们已经来法国四个多月了,还有三四个月就将结束这边的工作。"

"工作情况呢?"

"在各个工地上,有美国来的专家负责安排工作和对接客户,我们主要是具体实施,说白了就是动手干活。"

"喔,那大伙来法国工作有收获吗?"方渐华扫视了一圈桌边的人。

"有。"大家同声说道。

一看大家似乎很有积极性,方渐华来了兴致,问道:"有些什么收获呢?"

话一出口,一桌子人七嘴八舌,整个中餐厅的气氛似乎一下子被这些人给点燃起来了,周围的顾客纷纷把目光投向了这里。

李怀中连忙打断了大家你争我抢的发言:"行了,行了,我来总结一下大伙的意思吧。"

"第一,我们能独立处理设备,安装和维修工作。第二,锻炼了我们与客户沟通的能力,尤其是如何了解客户真实需求的能力。第三,提高了我们的眼界,法国设备比国内设备领先三代,我们今后在国内安装维修时,可以更有针对性地改造设备,为设备升级预留接口,同时也能够增加客户的黏性!"李怀中很善于带动气氛,在归纳总结方面也毫不逊色。方渐华满意地点点头。

"好,预祝大家法国工作愉快!"

在比利时的艾美公司办公室,方渐华正在和爱迪·杜博斯先生交谈。

"渐华,欢迎你来比利时。"爱迪说道。

"谢谢,爱迪,"方渐华朝着爱迪点点头,"我想了解一下我们中国大陆分公司团队的表现是否符合你的预期?"

"总体来说不错,尤其是金志强小组,这不,客户刚发出来表扬信,说他们成功完成CVD的调试工作,满足合同质量要求,并提前3天完成任务。"爱迪是位文质彬彬的男士,他从办公桌里取出了一封信,交给了方渐华。方渐华简单地看了看信,感到一丝欣慰。

"有什么需要改进的地方吗？"他接着问道。

"有。中国人比较谦虚、含蓄，但是该享有的荣誉还是不要推辞比较好，希望我们的中国同事以后不要总是对客户说'没什么''没关系'，过于谦虚可能会使客户认为我们对自己的产品和服务缺乏信心。"爱迪微笑着说道。

"好的，我会与团队及时沟通的。"

新加坡、法国、比利时……一轮下来，方渐华将这些分公司的外派人员的情况摸了个遍，这些团队成员也不负期待，各有所获，让他欣喜。行业发展所带来的寒冷是无法改变的，但是员工对工作的热情却能让公司抵御寒冷。方渐华相信，有着这些优秀的员工，艾美公司未来一定会创造更大的辉煌。

新加坡半导体生产厂

第十四章
中虹半导体

艾美公司在经历1995年、1996年两年的短暂低潮后，业务又恢复到了快速上升期，公司在申城章江建立了总部办公楼，1997年6月迁入的中虹项目现在是艾美公司的一号工程。

在总部办公楼的会议室里，摩根先生、王安博士、燕小华和方渐华正在讨论投标策略。

"渐华，你先说说情况。"众人一入座，王安博士立即向方渐华发出了指示。

"好的。中虹项目是国大基金投资的项目，未来将建立一座6英寸月产3万片0.18微米圆晶的工厂，由日本公司东知团队生产运营，总投资10亿美元，计划于1998年3月动工，1999年10月投产，2000年量产。"

"该项目设备部分由项目公司招标，合资公司批准，项目公司负责人是铃木先生，合资公司董事长是江一舟先生。"

"我们的潜在竞争对手是法国的拉法特公司和日本的东京电器。"

"如果等到投标的时候再做工作可能会比较晚，最好是提前布局。"方渐华停下来，目光投向王安博士和摩根先生。

王安博士点点头，看着方渐华，鼓励道：

"你有什么想法，谈谈看。"

"好的，首先客户的需求虽然明确，但是在满足客户需求的情况下，仍存在着不同工艺设备的选择，我们如果能成立技术团队与客户提前介入沟通，帮助客户梳理技术路线，同时嵌入我们的设备，就可以掌握主动。"方渐华左右手交叠放在桌上，目光轮流看向会议室中的几个人。

"请继续。"摩根先生的眼睛亮了起来,饶有兴趣地说道。

"技术方案既要考虑满足客户的需求、艾美设备的优势,也要考虑到项目生产团队对设备的熟悉度,换句话说,就是项目团队使用过的设备。铃木先生是东知东京工厂的厂长,工厂大部分使用了我们艾美的设备。如果我们能提前针对设备使用的痛点提出解决方案,就可以增加项目团队对我们的信心,避免竞争对手对我们造成冲击。"

"中国人讲究'关系',关于'关系',你怎么看?"摩根先生笑了笑,又提出一个问题。

"中虹的董事长江一舟是摩根先生您的老朋友,客户的需求细化、工艺设备方案等,由公司层面出面沟通可能比较合适。铃木先生是我在路易斯安那大学学习时的同学,这些年我们一直保持着联系,我准备下个月去东京会会他,了解一下他的痛点,我们好做出一个有针对性的方案。"

"法国的拉法特公司会如何出牌呢?"王安博士看着方渐华问道,随后目光又投向了摩根先生。

"法国与中国的关系良好,入围应该问题不大,拉法特的市场仍在欧洲和新加坡,估计投入不会太大。铃木的项目团队也没有使用法国设备的经验,如果法国设备在价格上没有太大的优势,估计没戏。我倒是更重视东京电器,在价格和使用经历上,东京电器有一定的优势。"

"那我们要如何应对?"王安博士并没有放开这个话题。

"比较棘手。"方渐华停顿了一下,理了理思路继续说,"铃木团队本能地会倾向使用日本设备,但是我们的体量比东京电器大。另外,除了考虑方案设计,我们是否能从交货时间上做点文章?根据项目进度，1999年10月投产的设备必须最晚6月底到达现场，也就是说1998年6月要确定排产订单。如果说我们交货期缩短到9个月，应该比东京电器有一定的优势。当然，价格方面，我们可能优惠的力度要大一点，以价格换市场。"

"不错，渐华。燕博士，你们有什么要补充吗？"王安点点头，又看了看燕小华和摩根先生，问道。

"没有，我觉得渐华的方案可行。"燕小华点了下头，表示同意。

"好，王安，还是你全权负责此案吧！"摩根先生拍板道。

"好，我负责让技术团队同中虹董事长江一舟先生的团队进行前期沟通，渐华对接铃木先生，我们每周进行一次沟通和计划更新。"王安立即作出了指示，"大家有问题吗？"

"没有！"方渐华、燕小华异口同声道。

"好，晚上我们请团队的骨干成员们吃个饭。"王安博士宣布会议结束。

9月的洛杉矶，海水已经有点凉了，在连绵数公里的沙滩上，两名男子正赤着上半身，戴着太阳镜，惬意地躺在沙子上聊天。洛杉矶的太阳很明媚，海浪的声音亦很悦耳，让人心情舒畅。

"江先生，你们对这次考察感觉怎么样？"其中的一名男子正是王安博士，他慢慢起身坐在沙滩上，带着随意的语气向另一个人问道，但目光却一直停留在那个人的身上。

"考察之行很好，我们很感谢王安博士的热情接待，我们看到了贵公司的实力，贵公司的技术团队与我方的沟通很充分，技术方案也符合项目整体要求。"江一舟依旧躺在细软的沙子上，闭着眼慢慢说道。

"您看我们在哪些方面做得还不够？"王安博士依旧坐着，微微地朝江一舟那里挪近了些。

"设备的先进性和前瞻性方面，我们刚刚参观的设备似乎要比你们准备卖给我们的更先进。"江一舟慢慢地睁开了眼。

"明白，我和团队再一起讨论下，看看能否现在就提供更先进的设备，或者看看将来是否能更快地更新设备。当然，我也会与总统贸易协调委员会和驻华商务部的官员进行设备许可证申请的预沟通，争取到他们的支持。"

"很好。中虹项目是我们国大基金投资的第一个项目，产品全部用于民用，生产销售都是对外透明的。"江一舟不着痕迹地补充道。

"还有我们没有考虑到的吗？"

江一舟慢慢地坐起了身，摘下了太阳镜。

"中国缺乏人才，尤其是缺少人才的培养。如果有一个机制，它既可以培养本土半导体人才，又能增加两国人民的交流和友谊，王先生对此怎么看？"

王安博士也摘下了太阳镜，和江一舟对视了几秒，思索了几秒说道：

"嗯，确实很有必要。艾美可以出资与申城市政府共同成立半导体人才培养基金，基金专注于半导体人才培养，您觉得如何？"

"我看可以，祝我们合作愉快。"江先生微笑着对王安说道，伸出了手。

"合作愉快！"王安博士也伸出了手。

在位于法国巴黎以北蓬图瓦兹市的拉法特设备公司总部，公司销售副总裁里昂先生正在和高层讨论中虹项目投标的事宜。

"中虹是中国计划兴建的第一座国产控股的6英寸、月产3万片0.18微米圆晶的工厂,之后将会具备0.25微米芯片的生产制造能力,项目生产运营方由日本东知公司承担,设备投资约4亿美金,预计今年3月招标,6月定标。中虹的领导层下月20日来我们公司考察,我们一起商量一下投标和接待策略。"里昂正在介绍中虹项目的大致情况。

"中国是一个发展中国家,目前芯片制造相对落后,是一个非常有潜力的市场。"公司总裁汉斯说道。

"我们的竞争对手是谁?"汉斯继续问道。

"美国的艾美,日本的东京电器。"里昂回答道。

"美国的设备贵,日本的质量不稳定,我们还是有优势的。"汉斯粗略分析了一下说道,随后发出了指示,"这样吧,里昂,高规格接待,你再去联系一下中国驻巴黎领事馆,也请他们派员一起来参观,用他们的话说就是'帮忙站台,互相帮衬'。"

"好的,我马上去落实。"

在东京电器的办公室,销售总监小野正在向总裁黑木进行线上汇报。

"中方考察团本月底来东京,您看接待规格是什么?"屏幕中的小野低着头询问。

"代表团有哪些人?"黑木问道。

"江一舟,董事长,也是工信部的副部长。"

"我亲自接待吧。"黑木先生思考了一下说。

"投标的事,准备得如何了?"

"估计下月中旬能出标书,我们会认真准备。我们的竞争对手是艾美和拉法特，他们的价格肯定高，我们有一定的优势。"回话间隙，小野偶尔抬抬头，但立马又低下了头。

"哟西，价格不要报太低了，现在市场比较困难，将成本预算尽可能做得细一点，多挖掘一些利润空间。"黑木指示道。

"嗨！"

中虹项目按计划于3月开始招标。按照一般情况，4月底之前就该有消息出来，5月进行合同商谈，6月签订合同，然后开始执行合同。现在已经是5月底了，中虹项目团队却仍未找任何供应商谈判。这令方渐华心里忐忑不安。莫非是中虹项目团队还有其他考量？他忍不住了，当即就给铃木先生打了电话。

在章江艾美总部的会议室，王安博士和方渐华正在分析各方面的情况。

"你先说说情况。"王安博士看着方渐华，皱着眉，语气略有些重。

"由于我们参与了招标前期的IE工作，并作了相应铺垫，目前看来，核心的设备，我方的技术方案最优，价格方面三家相近，日本方面名下报价比以往要高出10%左右，清洗设备法方的技术和报价占优，辅助设备日方占优。"方渐华根据掌握的信息分析道。

"那为什么中虹方面迟迟不做出选择呢？"王安急促地问道。

"从牌面上看，如果是我，清洗设备我会选择用法方的，辅助设备选择用日方的，核心设备选择用艾美的，这是一个正常的推论。"方渐华继续说道，"但是选择不同厂家的设备会带来一个技术问题，那就是设备之间的匹配和维修，尤其是生产团队是一支刚组建的'多国部队'。从铃木的表述来看，项目团队偏向打一个大包，找一家厂商供应全部设备,我觉得有这个可能。"

"如果打包谈,竞争对手会如何出价?我们如何出价?"王安立刻便明白了,立马追问道。

"从市场普遍情况来看,我们的价格最高,其次是法方,日方的价格最低。"方渐华继续说道。

"从第一轮出价来看,法方和日方是奔着利润来的,而不是市场。清洗设备和辅助设备占比较小,也不是我方的重点,所以有些疏忽,我们需要再看一下情况再决定如何调整。"方渐华想了一想说道。

"不过,价格方面,我估计各方都不会有太大的变化,交货期方面应该是重点,我们有优势,要放大交货期优势,下一轮可以考虑'拖'字诀。"方渐华补充道。

"嗯,如果拖到7月底签合同,交货期要提前一个月,会产生不少费用,"王安点点头表示同意,"我也会再给中虹的董事会施加一些影响。"

在中虹项目的会议室,铃木正在向董事会汇报招标情况。

"各位董事,大家好!我们的招标工作分为两个阶段进行。第一阶段,对潜在的供应商进行调研洽谈,3月初我们确定了合规供应商名单,包括来自美国的艾美设备公司、日本的东京电器设备公司和法国的拉法特公司。第二阶段,由中虹半导体芯片制造公司于3月20日发出招标文件,4月20日前各公司回标。由于各投标方设备参数存在着比较大的差异,造成分析工作量增大,整体分析直到昨天下午才完成,比计划延迟三周。现将分析结果汇报如下:

第一,核心设备,技术参数方面艾美公司为首选,价格与其他两家相差在±2%之内。

第二，清洗设备，技术参数和价格拉法特公司为首选，其价格低于日本公司3%，艾美价格高出拉法特4%左右。

第三，辅助设备，技术参数基本相同，价格东京电器最低，其次是拉法特，高出东京电器3%，再次是艾美，高出东京电器5%左右。"

"以上是招标情况的简要汇报。"铃木说完向周围扫视了一圈，"请问各位董事，有什么问题吗？"

"没有，请继续。"其中一位董事说道。

"谢谢，基于安装调试、接口和维修的需求，如果条件允许，我们建议使用同一家设备，为此，我们建议下一轮采用打大包的形式，重新找3家厂商谈，争取拿到最好的价格，请董事会裁定！"铃木结束了他的汇报。

江董事长看了看在座的其他四位董事，微笑着说："大家议一议吧！"

董事会成员由五人组成，包括董事长江一舟、申城工研所的王兴、国大基金的张阳、美国黑水基金的史密斯和日本东知公司的东村一郎。

"我同意铃木先生的看法，打一个大包，请一家供应商统一提供设备。"东村一郎说道。

"我不同意，"史密斯马上反对说，"这是公开招标，我们可以做技术澄清，但是价格不能调整，否则我们是无法通过审计部门的审计的，后面会相当麻烦。"

"澄清工作意味着明确工作范围，如果范围变化，价格当然会有变化，审计部门难道不能理解吗？"东村力争道。

"这是设备合同，澄清工作是单位方面的，甲方向乙方做进一步澄清，价格不变或者乙方可以不接受。"史密斯先生反驳道。

"张先生怎么看？"江董事长微笑地看着张阳先生。

"江董事长，整个设备回标价格在预算之内，虽然三家技术指标符合要求，但是半导体工业起源于美国，美国掌握的研发、生产及标准制定的相关技术处在领先位置，而艾美公司又是美国半导体设备生产的龙头企业，如果我们同意铃木先生的建议，使用同一家设备，我建议用艾美的设备。"

"我反对，"东村立马反对，"日本的半导体设备生产技术也非常好，全部给艾美不合适。"

"好的，东村先生，我明白您的意思了。"江董事长指着王兴问道，"王先生，你的意见呢？"

"三类设备统一采购的确方便管理，但并不是唯一的选项，在我们考察的项目中，就是同一类设备，也有来自不同的厂家，虽然会带来一些额外的工作，但是是属于可以控制的，何况不同的厂家设备也有不同的优点。从市场平衡方面考虑，利益均沾是可以接受的。"

"大家还有什么要补充的吗？"江董事长扫视了一下会议室，总结道，"项目组铃木先生建议核心设备选艾美，清洗设备选拉法特，辅助设备选东京电器，商务团队沿着这个方向进行下一步谈判，同意请举手。"

5：0，董事会一致通过。

1999年7月，中虹项目竣工典礼在申城举行。中虹半导体制造厂厂长铃木先生致辞，感谢各个参建单位克服重重困难，按期交付项目，设计单位、施工单位和各主要设备商代表出席了会议，董事长江一舟先生阐述了中虹一厂建设投产的意义，期望团队在铃木先生的领导下，按期运营、量产，为社会提供国产优质芯片。王安博士和方渐华也应邀参加了庆典。

在现场铃木的办公室，铃木先生正在和方渐华交谈。

"方先生，您好！"铃木很热情地握住了方渐华的手。

"铃木先生，您好！"

"设备情况如何？"

"铃木先生，我们的设备都到了现场，主要安装团队正在和中虹运营团队规划搬入顺序和路线，实施整个搬运工作的公司是德国辛克公司，他们是我公司的全球合作伙伴，这次会采用空气气垫方式将设备搬入厂房。"方渐华做了很细致的讲解。

"很好，CVD和PVD的制程人员是日本东知二厂的团队吗？"铃木问道。

"制程人员主要来自新加坡三厂，他们刚刚完成与客户的合作，设备类型和产品要求与中虹项目高度匹配。"

"能不能调东知二厂的团队过来，我用着熟悉，顺手。"

"好的，铃木先生，我尽量协调。在报人员计划之前，我曾和艾美日本株式会社协商过，想从二厂调一些人手来支援中虹。但那边说日本半导体发展很快，项目多，实在抽不出人员，所以我才把新加坡的团队协调过来，不过也费了很大的劲。"方渐华看着铃木说道，"新加坡的团队李威提经验丰富，也懂日语，应该能配合好您的工作。另外，您看看二厂的哪几位专家你喜欢，我再去日本和一男董事长谈一下，争取他们的支持，开个好头。"

"我去问问运营的德川，他是该区域的负责人，刚才的要求也是他提出的。"铃木思考了一下,继续说道,"就这样吧。您还有什么问题吗?"

"没有了,我们团队会全力配合中虹项目,有问题您可以随时打电话给我。"

"好的!"

正在这时,方渐华感觉到口袋里的手机在震动。他点头向铃木示意了一下,走出办公室,接通了手机。

电话是从美国打来的。

"你好,我是弗利蒙市警察局,请问是方渐华先生吗?"

"是的,我是方渐华。"听到"警察"二字,方渐华心里咯噔一下紧张起来。

"陈慧珍是你太太吗?哦,是这样,她在一起交通事故中受伤了,有生命危险,需要你马上来弗利蒙Good Sam医院。"

"她受伤严重吗?我现在还在中国,但我女儿在湾区,请问你的电话号码是多少?我让我的女儿联系你!"

挂断手机的那一刻,他觉得眼前一阵发黑,差点晕倒过去……

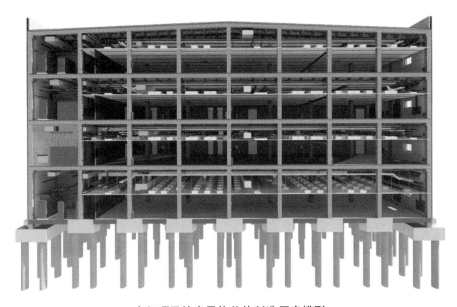

中虹项目的半导体芯片制造厂房模型

第十五章
住院

第二天晚上，方渐华搭乘的飞机降落在旧金山国际机场。虽然旁人看起来没事，但方渐华甚至不记得自己是怎样来到美国的，只记得一阵又一阵的晕眩，直到一声"爸爸"把他从浑浑噩噩中叫醒。他在接机口看到了如今已经长成大姑娘的女儿菲菲，条件反射般地迎了上去。父女两人没有多说一句话便匆匆坐上了菲菲的车，直奔医院。路上，菲菲带着有些颤抖的声音，向他讲述了事故的大致经过：

"妈妈还在急救室，情况相当糟糕，她当时坐在副驾驶位置上，驾驶者是来培训的同事，后座上还有两位同事。

"当时妈妈是先去公司接上他们，本来想再带他们去超市购物，买完东西后，回家请他们吃个饭。但接到他们之后，她想让同事练练车，所以她就坐在副驾驶上了。

"在离开公司开上880公路时，后面一辆SUV违规超车撞到妈妈的车上，车被撞翻，车里四人全部受伤，妈妈的伤势最重，医院说她还在手术室里，其他三位都出院了，我也是从他们那里了解到情况。"

方渐华一直没有说话，到达医院后，他们匆忙停了车，便直奔手术室。当他们冲到手术室门口时，却看到手术室外的红灯已经熄灭了。方渐华心里一紧，急忙找到了走廊的护士。

"手术室里的病人……病人陈慧珍怎么样？"长时间没说话，他声音有些嘶哑，不得不清了清嗓门。

"陈慧珍……"值班的护士翻看了一下记录说道，"她已经被转移到ICU病房了。她的手术已经做完了，但是还未脱离危险。"

"ICU病房在哪里？我要去见她！"方渐华四处张望着，急得有些茫然无措。

"不行,她现在仍在危险期,不能被打扰。"护士严肃地阻止了他。

"那医生呢?主治大夫呢?我是病人家属,我要问问她的情况。"

"医生已经回家了,明天一早会来。"

方渐华唉叹一声,有些无奈又无助地站在了原地,一旁的菲菲急忙上前扶住了他。

"ICU病房在走廊的那里。你可以在门口看看。不过你记得一定不能进去打扰病人。"护士似乎也有些不忍心。

方渐华轻声说了句谢谢,和菲菲一起轻轻地走到病房门口,从门缝处张望起来。

现在已是深夜,走廊很安静,只听得见仪器发出的声响。过了一会,方渐华对菲菲说道:

"你累了一天,先回去休息吧。"

渐华让女儿先回家,自己则留在医院ICU病房外面,静静等着医生到来。

在走廊的长凳上面,渐华坐着一动不动,寂静的长廊上有时会传来仪器的滴滴声,脑子里是一幕幕与爱妻在一起的回忆影像。

慧珍是天津人,方渐华从浙大毕业后,分配到天津,在工厂做技术员,认识了慧珍。慧珍是天津外语学院毕业的,比渐华晚三年分回天津,在天津一所中学做教师。他们相恋并结婚,之后他们的女儿菲菲也来到了这个世界。在那个动荡时代,慧珍给了他一个温暖的家,毫无怨言地支持他专研技术。正是由于她的支持,在动荡的岁月结束之后,方渐华才能通过考试获得留学的机会,在留学的第三年,方渐华接慧珍来到美国,之后,慧珍放弃了自己的职业,全力支持丈夫的工作和事业。

正式加入艾美之后，方渐华和慧珍在弗利蒙安了家，艾美中国区的同事只要是来美国出差或培训，都会来他们家做客，慧珍也会为他们准备丰盛的家宴。由于渐华大部分时间在中国区出差，与慧珍分多聚少。慧珍自己除了支持渐华的工作和接待来自国内的同事，还在教会做志愿者和中文教师，时间也安排的比较满，以至于两个人很难凑到时间一起去度假，他们计划今年年底去圣城耶路撒冷和伯利恒旅游，可如今……方渐华一边心里祈祷着太太能渡过难关，一边不停回忆着往事，如梦似醒，不知不觉间，他靠着病房走廊的墙昏昏沉沉睡着了。

第三天早上，慧珍的主治医生来了，叫醒了长凳上的方渐华。来到办公室后，医生告诉他，妻子慧珍仍然处在危险期，只有等到病情稳定之后，他才能进去探访。无奈之下，方渐华留下了自己的电话号码，请医院在情况好转之后立即通知他。

离开医院后，方渐华去了警察局，一位胖胖的警察接待了他。

"这起事故，我们判定肇事车的司机负全责。你们这边的司机有驾驶许可，开车时又有车主陪同，在法律上是合规的，但是由于你们的司机没有购买车辆意外险，肇事方的司机只能赔偿基本人身险，超出的部分就必须由你们自己支付了。"胖警察有些无奈地告诉他。

方渐华满脸疲惫地点点头，离开了警察局。这天的弗利蒙非常炎热，烈日之下，路上的人几乎都被汗水浸湿了衣服，但方渐华只感觉到丝丝寒意从心底涌上。一整天没有好好休息的他打车回了位于弗利蒙的家，想先休息一下再做打算。然而心绪不宁的他完全不能好好休息，刚有些睡意又会突然惊醒，惊醒之后的他又开始坐立难安，心思直往医院那里飘。看着天边越来越红的晚霞，他越来越强烈地意识到，失去慧珍对他来说会是莫大的打击。中国人一向不会直白地表露自己的感情，但是现在，此时此刻，他一定不能退缩，一定不能失去自己的妻子。慧珍生死未卜，正是最需要他的时候，他不能继续这样萎靡不振。想到这，方渐华毅然振作起来，冲了把澡，换了套衣服，和女儿简单交代几句后，便又向医院的方向赶去。

方渐华在快餐店匆匆解决了晚饭后，便径直来到医院。其实医院没有给他打电话，也就意味着慧珍的情况仍未有进展，但他无法在家干等着，宁可亲自跑到医院病房的走廊，往ICU病房门口瞅一眼。听到仪器偶尔发出的滴滴声，知道慧珍还在坚持着，方渐华才能稍稍安心地回家休息。之后的两天，他坚持每天早上、晚上都要来医院一趟，尽管次次都是没有结果。直到第六天早上，慧珍的主治医生在走廊上叫住了他，把他请进了医生办公室。

"病人的生命是基本上保住了，但是由于受伤的部位是脊柱第六节和第七节，估计是不可能再站起来了。"医生似乎思考了好几秒，然后用着尽量平和的语气和方渐华说道。

渐华虽然有一些思想准备，但听到这个消息之后，还是懵了，过了好一会他才回过神问道：

"有什么方法可以让她重新站起来吗？"

"估计是不可能了，虽然医院有一些康复计划，但是由于受伤的部位和程度，除非有奇迹。"主治医生脸上带着抱歉的神色，但依然尽责地告诉方渐华病人的真实情况，"不过，我们还是建议病人和家属可以尝试一下。"

一个月后，在医院的康复病房，方渐华看着慢慢恢复中的妻子，慧珍苍白的脸上已有了一些血色。虽然不能接受瘫痪的判定，但是如今方渐华也无可奈何，只能期盼奇迹的出现。对他来说，现在唯一让他感到欣慰的便是，慧珍还在。

"你感觉如何？"方渐华蹲在妻子身旁，拉着妻子的手。

"下半身仍然没有感觉。"慧珍坐在轮椅上，低着头，呆呆地看着自己的双腿。

这些天渐华天天给慧珍按摩，但是效果甚微。

"这里的康复计划不错，在全美排名前列，等你伤好之后，我们就开始训练。"方渐华拉了拉妻子的手，示意她看看康复病房里的设施。病房里，还有几个病人正努力地做着复健。

"好。"慧珍抬头看了一眼，答应了一句，便又低下了头，叹了口气，埋怨起自己来，"当时我不该让小张在公路上开车的，你说过要培训他们开车，最好是在停车场。"

"也不全是你的错，事故是由另外车辆造成的。"方渐华轻声安慰她。

"唉，如果是我开，可能情况不会这么糟。"

"事情都过去了，我们好好养伤，争取早点康复。"

方渐华像个撒娇的小孩一样，再次拉起慧珍的手，轻轻甩动了起来。慧珍再也忍不住，抽出自己的手，掩面哭泣起来。方渐华赶紧地张开双臂，把她抱进了怀里。

"嗯，我们今年年底还可以一起去耶路撒冷吗？"

慧珍断断续续地哭着问他，方渐华哽咽了好一会说道：

"一定可以的，你好好养伤。"

那年年底，方渐华和慧珍一起去了耶路撒冷，但是慧珍是坐着轮椅去的。

耶路撒冷

第十六章

升职

在章江艾美总部的办公室,王安博士和方渐华正在进行一对一会议。

"渐华,我有一个坏消息和一个好消息,你想先听哪一个?"王安博士微笑着说。

"坏消息吧。"和王安相处久了,方渐华大致也熟悉了他的聊天路数,半开玩笑地说。

"鉴于公司的整体部署,你的老搭档燕小华将调离中国,你的工作担子会更重了。"王安特意做了一个沉重的表情,方渐华差点笑出来,不过最后还是忍住了。

"哦,这不算坏消息。"他调侃了一下。

"呵呵,好消息是,经公司管理层批准,你将出任艾美设备公司中国区董事长。"王安继续说道。

"谢谢公司领导的信任,谢谢王安博士的栽培。"其实,当听到燕小华被调离的时候,方渐华的心里已经有了预感,虽然高兴,但这些年来做事一向低调的他不会轻易表露出自己的情感。

"不着急谢,还有没说完呢!"王安博士笑了笑,升高了音量继续说道,"同时,公司管理层决定任命方渐华为艾美设备公司全球副总裁。"

不知为何,方渐华此时竟有些哽咽。

"谢谢公司对我的信任,我一定尽力做好中国市场的开拓。"

"这都是你自己努力的结果,好,我说说期望吧。"王安博士不改本色,很快地又把话题转入了公事。

"总部分析认为,中国有可能加入世界贸易组织,届时市场会有一波爆发性增长。目前，我们的年销售额在5亿美元左右，希望你在三年内将年销售额提升到15亿美元。你准备一下方案，我们一起讨论实施。"

"好的，王安博士。"说实话，方渐华还是更习惯那个雷厉风行的王安博士。

"另外，江董事长刚刚又和我聊了一下人才培养基金会的事，你有什么想法？"

半导体人才培养基金会，是王安博士找江董事长接洽中虹项目时决定成立的一个基金会，方渐华听王安博士提过。

"基金会的具体运作，我不太懂，只能谈一点粗浅的看法，供王安博士参考。"

"嗯，你讲。"

"搞好基金会要处理好两个问题：第一，如何不触动对中国技术限制的有关条例；第二，如何扩大基金会的影响，帮助公司实现销售目标。"

"如何解决这两个问题呢？"王安颇有兴趣地看着渐华，鼓励道。

"对于第一个的问题，我们要确定基金会的主要支持帮助对象是半导体基础性研究工作，而不是先进技术研究。而要解决第二个问题，基金会则必须与相关的国内著名大学、美国著名大学联合，确保资助的人才首先由艾美公司择优录用，政府、高校和相关企业则可以组成基金董事会，共同出资，做成一个有目的性、开放性、赢利的平台。"方渐华很快地整理出了思路，坚定地说道。

"有道理，那不如你来主持这个基金会的筹办、实施工作？"

"我现在的目标只有一个，15亿美元。"方渐华想了想说，"在更广泛的社会平台,我建议还是您亲自出马,我就跑跑腿,这样比较好。"

"嗯,你还记得马里兰大学的孙博士吗?"

"记得记得,我就是在马里兰大学,通过他认识你的。"方渐华会心地笑了笑。

"嗯,他已经升为高级教授了,我想把他也'忽悠'过来,你觉得怎么样?"王安看了方渐华一眼,多年的默契也已经让他一眼就看出了方渐华的答案,"好了,你还有什么问题吗?"

"没有,谢谢您的信任。"

"必须的,加油!"王安博士笑着对着他举了举拳头。

一天后,王安博士在核心层宣布了公司关于调整中国地区董事长的决定,之后由总部以电子邮件的方式通知全体在职员工。方渐华接到了不少道贺的电话、邮件,在频频感谢同事们的祝贺的同时,愈发感觉到身上的担子更重了。下午,方渐华召集了公司核心成员在小会议室开会。

小会议室的圆桌旁坐着五个人:方渐华、唐德元、林放、张辉和朱迪。唐德元是五年前加入艾美的,方渐华在申城博览会认识他后,一直在做他的工作,终于把他从中国科学院拉进了艾美公司,负责售后。林放是麻省理工学院的硕士,在清华大学读的本科,三年前被方渐华纳入麾下,负责销售。张辉原先在总部研发部门工作,入职比方渐华晚两年,去年被方渐华动员回国了,目前负责设备的研发工作。公司近期准备在中国成立设备制造公司,生产组装设备,降低成本,更好地服务本地客户,张辉成了这其中不可或缺的力量。朱迪是"大内总管",属于支持部门。这五人现在构成了新的艾美公司中国核心团队，即将开始他们新的征程。

"大家都收到邮件了？"方渐华微笑着看着大家。

"收到了，收到了！恭喜方总！"四人齐声答道。

"这是公司对我们的信任和肯定，是我们共同努力的结果。"方渐华停顿了一下继续说道，"公司给我们的目标是2002年达到年销售额15亿美元。来，我们一起讨论一下，看看能否实现，同时也分个工吧。"方渐华交出了会议的主导权。他环视了一圈，等着谁先发言。

"我先说一下吧。"林放看了看方渐华，清了下嗓子说道，"今年已经实现销售3亿美元，目前在跟的有梁溪市、渝城、京城、申城四个项目，预计销售额约2亿美元，跟踪的小项目有十多个，估计达到今年的目标，努力一下是有可能的。"

林放略作停顿，看着方渐华继续说道：

"三年内实现年销售额15亿美元的目标的确富有挑战性，主要体现在以下三个方面：

第一，需求方，中国的主要客户来自欧美制造商，欧美龙头企业仍是大额订单的主要来源，而国内本土制造商发展很快，但无法成为艾美的支柱客户。

第二，来自竞争对手，除了欧美设备商，日韩设备商也加快了在中国的投入和布局，如何比对手跑得更快，更是我们要重视的问题。

第三，艾美中国公司规模比较大，也存在着许多大公司自身的问题，如何有效地提高运转，提高整体实力和战斗力，也需要我们思考。"

"很好，具体有什么建议吗？"方渐华鼓励他继续说下去。

"欧美企业的项目信息主要来自总部，所以我们与总部的沟通必须加强,目前的季度会议是否可以改成月度会议,并请总公司的销售副总裁一起参加?您这不也荣升了嘛,是否也请您参加销售会议,更深入地进入市场?"林放试探性地问了问方渐华。

"可以,请继续。"方渐华笑着点头回应。

"在与客户的沟通中,我们必须在极短的时间内,简明扼要地讲清楚自己产品的优势。但我们的销售团队在技术方面仍然存在着巨大的差距,我建议加强这方面的培训工作,在交付和售后这块也需要公司内部的支持和迅速反应。关于组织架构方面,我建议采取强矩阵方式,以产品为事业部,整合交付售后资源,换句话来说成立物理气相沉积、化学气相沉积、离子注入外延、测量与检测和其他七大事业部,独立经营,内部核算,提高组织效率。"林放一口气讲完,拿起水杯喝起水来。

"很好,唐总,你看呢?"方渐华把目光转向唐德元。

"设备安装工作,艾美公司一直非常重视,安装团队与客户团队在制程方面共同工作,完成生产任务,受到客户的好评,目前没有这方面来自客户的投诉。但是有少数客户投诉在设备出现问题时,我们的维修人员反应慢,修理时间长,宕机时间长,如果解决不好这个问题,可能会给公司带来损失,同时也影响将来的销售。"

"你们有对策吗?"方渐华急切地问道。

"有,我们要解决备件库、现场出勤和专家库三个方面的工作。"唐德元回答道。

"备件库的作用我就不重复了。备件库投资大,它由每个地区的设备安装总量来决定。虽然备件库的容量是越大越好,品种越多越好,但是它和投资是一个矛盾,所以每个备件库要根据该地区安装设备的种类及数量、历史上容易损坏的部件的记录,做出最佳配置方案，保证不同价值备件的比例最有效。"唐德元清了清嗓子。

"现场服务工程师必不可少，他们能在接到客户的电话后，立即赶往设备现场，正确描述故障现象及其特征，传送到专家库，并按专家的指示进行操作修理。例如上个月，梁溪市二厂的PVD设备出现故障，我们的现场服务工程师在4小时内到达出事现场，描述故障现象和特征之后，总部专家发现都符合韩国三星公司使用的类似设备的故障特征，专家将维修方案告知现场工程师之后，用现场存放的配件进行更换，3小时就修复了故障，减少了客户的宕机时间。备件库、现场服务、专家库三者结合、相互支撑，这种方法应该推广。"唐德元说完，也端起了茶杯。

"张辉，说说您的想法。"方渐华想了想，目光转向张辉。

"好的，方总。"张辉思考了一下说道，"关于支持销售团队，我觉得可以从两方面着手。其一，每周根据事业部的特点用比较简洁的言语讲清楚公司产品的特点、优势，并介绍主要竞争对手的产品，定期培训销售骨干。其二，加强公司企业文化、社会责任的推广工作，做出'品牌'效益。"

"关于支持交付和售后，我觉得应该积极主动协调公司总部资源，在技术上为客户保驾护航。"张辉抬起头，思考了一下。

"关于在华建厂方面，我认为应该找专人负责确定产品定位和建厂筹略工作，以确保在客户能得到相同质量产品的同时，公司又能缩短设备交期、减少成本。"

"谢谢张辉，朱迪，你也说说吧。"

"好的，谢谢方总。"朱迪习惯性地拢了一下头发说道，"我十分赞同张辉总的建议，艾美公司的每一位员工，不仅是要为客户做实事，而且要注重其最终的结果，'客户第一'不是口号，而是行动和结果，这是公司的企业文化，围绕着这一文化的建设和宣传，我会和团队商量后，拿出一个方案来。"

"我也十分赞同林总的建议，重新梳理一下公司的组织架构，使之更有效，唐总的高效售后支撑体系对我的启发很大，我们可以着手计划启动这方面的工作，我们支持部门全力配合。"说完后，朱迪看向了方渐华。

众人的目光又回到了方渐华身上。方渐华看着自己刚刚记录的每个人的发言，一边在笔记上做上标记，一边给每个人下达了指示。

"好的，大家的意见非常好。这样吧，我们分一下工。林放，你起草一下成立事业部、选拔事业部负责人的方案以及相应的销售指标，以各个事业部的核算中心，打通交付、售后和研发部门。唐总，售后支撑体系建议非常好，您提个规划路线图、负责人名单和预算方案。张辉，你起草艾美企业形象推广计划产品周的培训安排计划、生产设备制造厂建设可行性研究报告，以及各工作内容的项目负责人人选名单。朱迪，你根据今天的会议讨论精神，起草一份拟定组织架构图以及各单位的KPI考核表、奖惩制度，我们明天下午再一起商定，报总部审定，如何？"

"好！"大家齐声回答到。

这天，王安博士即将搭乘晚上9点的飞机回美国。在他上飞机前，方渐华找到王安博士谈了1个小时，向他汇报了公司重组方案。王安博士听完汇报后只是简单地说了一句：

"不错，公司原则上同意你们的方案，财务仍由总部统一管理，技术限制红线要守住，你们放手干吧！"

新政出台后，效果比较明显。公司人数虽然精简了20%，但是业务却在增长，企业内部各条实线、虚线也拉通了。到2000年年底，梁溪市、京城、申城三地的设备仓库已经开始运营。在申城的设备研发基地也开始兴建，预计在第二年年底竣工。艾美商会所辖的半导体人才培养基金会也开始运行，得到了社会的好评，艾美的在华设备制造公司也被申城市政府评为"企业社会责任示范外资企业"。

第十七章
捐赠

第二年，中国正式加入世界贸易组织，中美之间的关系进入"蜜月期"，中方看好美国的技术和设备，美方看中中国的制造能力和市场，双方的贸易往来激增。为了更好地开发中国市场，艾美公司在总部召开了"中国市场迅速发展的挑战和机遇"专题会议。会议由王安博士主持，方渐华和朱迪来到洛杉矶出席会议并做主旨演讲。

这天早上，在旅馆的餐厅里，朱迪和方渐华在吃早餐时遇上了。

"早，朱迪。"打了声招呼，方渐华便在朱迪的对面坐下了。

"早，渐华。"朱迪正在吃汉堡，简单地朝方渐华挥挥手。

"时差调得怎么样，休息得还好吗？"方渐华也开始大口享用起手中的三明治。

"还行，还行吧。"朱迪吃下最后一口汉堡，用纸巾擦了擦嘴，她是个讲究的姑娘，但也相当喜欢快餐这类食物，"因为是晚上到，马上休息，睡一会就醒了，再次入睡比较困难。回申城就好多了，早上到，扛一下，白天一过，晚上就比较容易入睡。您呢？"

"我经常跑，有安眠药，没问题的。昨天和南希她们聊得还好？"

"嗯，总部对我们工作评价很高，摩根先生还表扬您了呢！"朱迪露出了灿烂的笑容。进入艾美公司已经十多年了，她依旧还是那么青春、大方。

"哈哈，感谢摩根先生。"方渐华淡淡一笑，转而问道，"总部这边有没有什么大事？"

"大事……南希说公司要上一条12英寸铜制程线，原来的8英寸线准备拆掉，正在找下家出售设备呢！"朱迪回忆道。

"噢……那下家找到了吗？"方渐华的眼睛突然亮了起来。

"好像没有,现在全美国都在上12英寸线,这种二手设备都不受待见……您是想卖到中国去?"朱迪好奇地问道。

方渐华沉思了一下。

"你先摸摸情况吧,我今天有演讲,明天下午与王安博士有一小时的一对一会议。明天早上这个时候我们再碰一下,看看是否有必要与王安博士汇报这个情况。"

"好的,我今天上午就去了解情况。"朱迪爽快地答应了。

"谢谢,朱迪。"

"不客气,渐华。"

研讨会非常成功,摩根先生再次强调了中国市场的重要性,方渐华的演讲也得到了全场的热烈鼓掌。会后,摩根先生与方渐华私下谈话时,一旁的销售副总裁带来了三个制造大厂将在京城、申城建厂的消息。

"渐华,你的运气可真好。知道吗?总部正在和这三个大厂对接,你那年销售额15亿美元的目标可能今年就能实现了。"摩根先生笑着对方渐华说道。

"这确实是个千载难逢的机会。"方渐华笑着说道,心里也暗暗开始盘算起来。

在第二天的一对一会议中,方渐华终于与王安博士有了交流的机会。这几天,两个人各自都很忙碌。

"渐华,你还好吗?"王安博士拍了一下他的肩膀。

"很好,您呢?"

"不错,你的运气真好。"王安博士坐进了会议桌一头的椅子,笑着做了一个无奈摊手的姿势,"今年的指标,哎,看来我是太保守，定低喽。"

"呵呵，市场需求的确强劲，但是要实实在在地拿到项目，仍需公司总部的协调支持和帮助。"方渐华微笑着说道，在会议桌的另一头坐下了。

"但也需要中国团队的主导与努力。"王安博士也微笑地看着方渐华，继续说道，"华芯国际，理查德先生在申城将新建一座8英寸0.25微米、日产3万片的生产厂。这个项目是我们的重点项目，燕小华和理查德先生曾经在美国得州制造共事，交情很深，他们又同样来自台湾地区，公司准备派燕小华支持你。你有意见吗？"

"感谢公司的支持，我一定配合好燕总的工作。"方渐华停顿了一下，看着王安博士的眼睛答道。

"不，不是你支持他，而是他支持你。"王安博士连忙打消了方渐华刚才的念头，盯着他的眼睛解释道，"此项目志在必得。因为总部判断华芯国际还有其他更多建设项目的计划，所以，钻进去、占领市场、增加黏性。"

王安博士搁在桌上的手瞬间握成了拳头，方渐华再次感受到了那丝熟悉的压迫的气息。

"好的，王安博士，我们一定拿到华芯的订单。"他郑重地点了点头。

"有什么困难吗？"王安又恢复到原先放松的姿态。

"没有。我听说公司要上一条12英寸铜制程线，原先的8英寸线要拆掉，设备准备出售？"方渐华转移了一下话题。

"喔，你的鼻子还真灵，谁告诉你的？的确有此事。"王安往椅背上靠了靠，手指开始在桌上画圈。

"朱迪从南希那里听到的。有下家了吗？"方渐华的双手一直交叠着放在桌上。

"暂时没有。你知道该线设备比较老了，当初你加入艾美时，那条线就在工作，十五六年了，也该被淘汰了。而现在美国企业都在上12英寸先进制程，老设备不好卖，也卖不出价钱，况且设备早已经折旧完了，残值为零，如果出售还要交一大笔税……你有什么想法？"王安博士一边说着，一边将双手放在了后脑勺上，转着椅子，目光游离了几秒钟后又回到了方渐华身上。

"捐赠给申城或基金会如何？"方渐华身子往前靠了靠，问道。

"讲讲理由。"王安博士停止了转动椅子。

"第一，可以加强与政府的信任。第二，基金会如果有实体设备支撑，可以培养艾美的下游供应商、本地供应商的能力，节省成本。"说着说着，方渐华不自觉地将双手拱了起来。

"嗯，我记得我们的竞争对手纳瓦公司也曾捐赠一台设备给申城的一所知名大学，后来却锁在仓库供学生参观，没有发挥其作用。"王安思索道。

"是的，那台CVD设备没有被利用的原因是高校没有利用设备生产产品。CVD的运作环境和成本比较高，如果没有长期的补贴，高校是补不了这个无底洞的。"

"看来你是想到了对策？"王安博士看着方渐华继续问道。

"嗯……不过还得王博士出马。中虹一厂在建设时，预留了二期、三期洁净室，目前还是毛坯房，如果中虹同意将设备放置在二期厂房内，统一协调运行管理。设备的所有权归基金会，再拨出一定的使用权给中虹，这样可以实现设备的最大价值利用。"方渐华继续说道。

"嗯，可以考虑。那艾美公司就这样捐赠了？"王安博士扬了扬眉毛，不甘心地问道，他在"就这样"三个字上加重了语气。

"设备可以捐赠，也是免税的，设备维修可以单签合同，由艾美公司来执行。"方渐华亮出了自己的底牌。

"嗯，此事可行，我再思考一下，尽早答复你。"王安博士点点头，拍了下桌板。

"谢谢王安博士。"

三个月之后，《新星报》报道了一条简讯：

"美国艾美公司和申城市政府共同出资成立申城艾美半导体产业发展基金会，该基金会将接受艾美公司捐赠的8英寸铜制程设备和资金以帮助申城市半导体人才的培养和半导体企业的发展。"

捐赠的部分设备

第十八章

华芯

在京城的一家商务会所，燕小华陪着理查德和他的一众干将来到1号包间，他们刚刚吃完饭，来唱卡拉OK放松一下。

"好运，歹运。"

"总嘛要照起工来行。"

"面对命运的无常，只能拼下去。"

"三分天注定，七分靠打拼，爱拼才会赢。"

……

"好！好！好！唱得好！唱歌的喝酒！"

华芯国际的设备招标分为资审预审和正式招标两个阶段，管理的架构和中虹项目相似，投资方为国资委，运营团队由以理查德为首的团队负责。理查德团队在半导体行业中声望很高，有交付能力，长期在美国和台湾地区的半导体大厂工作，人脉极广。由于他极有领导力，即便采购设备商的名单确定最后是由董事会决定的，理查德也只是把董事会当成自己的橡皮图章，仅仅走一个程序而已，所以此次艾美要成功销售设备，关键是要拿下理查德。

燕小华陪同理查德考察了申城、梁溪市和京城三地。所谓考察基本上只是了解当地的风情和文化，因为理查德太了解艾美了，但是程序还必须得走。当然，艾美公司毫无悬念地被选入了最终合格商的名单。

王安博士坐在章江总部的小会议室，对面是方渐华。

"情况如何了？"王安问道。

"这次投标总共123台设备,成套的平均单价为2.36亿美元,技术标完全响应。"方渐华回答道。

"竞争对手情况掌握到没有?"

"由于华芯是湾电的竞争对手,法国公司与湾电签过唯一供货协议,所以没有参加这次投标。东京电器参加了这次投标,他们在名古屋接连中了两个大标,估计生产能力和意愿都不大。比较头痛的是韩国SK公司,他们的任务不饱满,急需拿到项目。"

"我们采取什么对策?"王安盯着方渐华问。

"SK公司成立时间短,理查德的团队从来没有用过他们的设备,总部简报收集到SK公司的设备由于质量问题造成客户重大损失,虽然主流媒体未报道此案,但行业协会有专门的详细调查报告。另外,他们没有强大的售后,在中国刚刚才开始成立公司展开业务。"

"这个我知道,当初让燕总在资格预审时就想办法挤掉SK公司,可不知为什么理查德又把SK公司从毙掉的名单中拉了回来,估计是理查德有意而为的,但是我们还是要想办法让SK公司的劣迹在客户关键人员特别是在其董事会中传出去。"王安博士回忆道,并继续说,"燕总与理查德已经敲定了他个人的利益,这个你知道下就好。"

"关于出价,您有什么指示?"方渐华小心地问道。今天的王安博士一直都紧绷着脸,方渐华生怕又出现什么疏漏。

"你的想法呢?"王安博士反问道。

"目前我估计东京电器报价会稍微高一点,而SK公司报价会比较低。根据以往的经验来看,理查德可能会二次议价。中国人比较讲面子,我们还是要意思一下,下浮3至5个百分点。因此,我建议按公司总部计算的报价,上浮5%作为第一轮出价,你看如何?"

"可以。另外,董事会那边,你也去做做工作,你的老朋友升官了。"王安博士笑着说道。

方渐华知道王安博士所指的是王兴，王兴现在是华芯的董事长。

"我这几天就去找他聊一聊。"

"好的。"

理查德的节奏很快，标书交上去一周之后，华芯的采购就约艾美公司前去做标书的澄清。

在华芯的办公室，林放、方渐华、华芯的采购总监和理查德四人开始了一场较量。

"渐华，你的报价太高了。"理查德开门见山地说道。

"理查德先生，您知道的，我们的设备质量好，在制程上也能帮助华芯共同调试、爬坡和量产。"方渐华平静地回答道。

"艾美的设备和服务，我当然心里有数，不然就不请你们来谈了。"理查德带着一口台湾腔地回答道，"你的竞争对手比你的价格低多了，你想要得到合同就得大幅降低价格。另外……"

理查德盯着方渐华，特意补充了一句："华芯内部已经立项，在五年内会新建三座晶圆厂。"

"感谢理查德先生对艾美公司的信任，我们在投标前已经申请了公司最大的折扣，再降价十分困难。"坐在一旁的林放突然接过了话。

"请你不要插话，我在和方总讲话。"理查德很不悦地说道。

"林总说的是真实情况。在价格上，我们能努力的程度已经非常有限。在服务上，您有什么要求吗？"方渐华仔细地看着理查德的表情，琢磨了一下说道。

"先谈价格吧。如果你们降30%，我保证立马和你们签订合同，并且答应你，将来的三座晶圆厂优先选择艾美。"坐在转椅上的理查德跷起了二郎腿，眼睛望向了采购总监。方渐华看到，采购总监的手下似乎压着类似合同一样的文件。

"开什么玩笑！不可能！您是知道艾美公司内部运行机制的，我们没有权限！"林放立马抗议，差点从座位上跳了起来。

"那我们就无法谈下去了。"理查德脸一沉，跷着的腿放了下来，看起来准备要赶人了。

"林总说的是实情。要不然我们回去后，再向总部提申请，看看总部的支持力度有多大。"方渐华赶紧补充道。

"嗯，明天，最迟明天中午12点，告诉我艾美的最终价格，我希望你们的数字会令我满意。"理查德没有多说什么，但看起来余怒未消的样子。

"交付和维修方面，您有什么指示。"方渐华小心翼翼地试着转移话题。

"我们与湾电签了协议，不能用中国台湾地区的干部，所以呢，我没有其他的要求，你的计划是什么？"

"现在中国的交付人手非常紧张，欧洲和东南亚的订单也十分饱满，我们拟派90位专家负责安装、调试、爬坡和量产工作，为期6个月，90位专家按机台工序分6个工作组，组长由总部指派，两名副组长，一名来自韩国工厂，一名来自中国团队，核心人员来自韩国星光三厂，这些人日常负责的设备与华芯项目的类似，您看看有什么意见没？"

"我不管你们从哪里调人手，我关注的是按时交付，只要按合同时间交付，我没有其他意见。"理查德换了一个舒适的坐姿总结道。

"渐华，我们已经认识多年了，你要保证随叫随到，为华芯服务好，给专家做好后勤工作。"理查德想了想，补充道。

"一定，理查德先生，这点请您放心。"方渐华连连点头答应。

"30%的下幅这是我的目标，回去好好地做一下功课，否则你的竞争对手就可能拿到华芯的合同，我等待你的好消息。"

"30%下幅肯定是拿不到的。"方渐华正色说道，心里却是七上八下，"但是我们会尽全力。"

"明天12:00前给我打电话！"

"好的，理查德先生。"

回到章江总部后，方渐华走进会议室，王安博士正在里面等着他的消息。

"怎么样，渐华？"王安博士看到黑着脸的方渐华，感到有些不妙。

"理查德要我们降价30%！"方渐华气愤地说道。

王安博士也是一惊。

"他的依据是什么？！"

"可能是SK公司的报价吧。"方渐华有些沮丧地坐了下来。理查德的要求太让他震惊了，一时之间他也有些无措。

"你们一起看过设备清单，谈了细节问题吗？"王安博士若有所思，继续问道。

"没有，他对我们的设备比较熟悉，只谈价格，甚至都不愿多谈交付和售后。"方渐华回答道。

随后，方渐华便把今天在华芯开会的情况简要地给王安博士做了汇报。听完之后，王安博士的眉头渐渐舒展开来了。

"我认为日本的报价和设备不在华芯的选择之内。从总部发来的消息来看，东京电器报价应该比我们略高。如果华芯项目依然有考虑使用日本的设备,为了方便谈价格,他们应该会与我们一起讨论细节。可显然理查德并没有这么做。那么剩下的可能就是按照你说的,SK公司的报价比较激进。但是这是华芯在申城的第一座晶圆厂,求稳应该是本能的选择。所以……如果理查德一开始就要10%的降价,我们可能很难接受。你觉得呢?"王安博士逐一分析道。

"您的意思是,理查德一直在给我暗示?"方渐华狐疑地看着王安博士。

"对,我就是这个意思!"王安博士坚定地点点头。

"那好,那我知道怎么办了。"经王安博士的提醒,方渐华瞬间放松下来,然后在心里暗暗地骂了理查德一句。

"不过面子还是要给他的。"王安博士笑着嘱咐道。

"明白,明天上午11:55分,我给他打一个电话,告诉他艾美总部批下来给3%的折扣,肯定保证最好的服务等等。"方渐华偷偷看了王安博士一眼,见对方没有任何反对的意思,心里的石头终于落了地。

"晚上,我们去喝两杯?"王安博士建议道。

"好的,我知道一家刚开的西餐厅,味道不错。"如同重获新生般,方渐华快乐地给出了主意。

转眼到了约定期限的第三年,艾美设备公司在大陆的营收超过了当初的目标,创了在大陆分公司成立以来的新高。2001年,申城市政府还授予了艾美公司的摩根先生、王安先生和方渐华先生"荣誉市民""最佳贡献奖"等荣誉。

此后,艾美公司的在华业务持续增长。2005年,在艾美公司服务满20年之际,方渐华先生从艾美公司大陆地区董事长的职位上光荣退休。

第十九章

尾声

2022年年底，距离方渐华退休已经过去17年。这一天，在申城金融大厦的咖啡馆里，《华新电子报》主编倪立新正在采访方渐华和他的老搭档唐德元。

"方先生，唐先生，很感谢您二位接受我的采访。方先生从20世纪80年代中期加入美国艾美设备公司，在华执掌业务约20年，亲眼见证并参与了中国半导体行业的发展，您能否总结一下这段时期中国半导体制造行业的发展情况？艾美设备公司对中国半导体行业的发展又有怎样的作用？"倪主编穿着职业正装，礼貌地问道。

80多岁的方渐华看上去依旧精干，但面容十分平静、祥和，他缓缓地说道："感谢倪主编的采访。我在艾美公司正式工作的时间，可以从1986年算起，一直到2005年。这20年间中国半导体产业的发展，我个人认为可以分成三个阶段：1989年以前属于起步探索期；1990年到1999年是重点建设期，主要的标志性半导体芯片厂包括908工程、NEC项目、909超大规模8英寸线；2000年以后则是发展加速期，代表项目有中虹、华芯等。艾美公司积极承担了以上项目主要生产设备的供应。同时，艾美公司也积极参与社会公益项目，成立基金会，为中国的半导体行业培养了许多人才。"

"好的，谢谢方先生。"虽然旁边放着录音笔，但倪主编依旧认真地做着记录，他继续问道，"您在这三个阶段遇到的主要困难是什么？您与您的团队是如何克服这些困难的呢？"

"在起步阶段，我们的团队面临的主要困难是市场布局。艾美公司进入中国市场，市场有什么特征、客户在哪里、如何让客户了解我们的设备，这是我们主要解决的问题。

"在重点建设期，主要的问题就变成了如何盯住大客户，如何在有限的资源条件下跟住大客户、服务好大客户并取得客户的信任与依赖，换句话来说，主要是解决与重点客户共同发展的问题。

"在发展加速期，我们的项目规模大、数量多，在华职工人数达到一千人，如何建立高效的管理和服务体系是我们主要的困难。

"克服困难嘛，方法其实很多，我现在没法三言两语来概括。但不管是哪一时期，我们能克服这些困难，都离不开政府良好的政策，离不开公司总部的支持帮助，更离不开我们团队中的优秀员工。"方渐华侃侃而谈。

"为了表彰您的功劳和贡献，申城市政府授予您白玉兰奖、杰出人物贡献奖，您有什么要说的吗？"倪主编问道。

"感谢申城人民对我的鼓励，也感谢我的团队艾美公司，我的那些成就离不开所有人的帮助，我获得的荣誉也是属于大家的。"

"谢谢方先生。"倪主编看向唐德元问道，"唐先生是方先生从中国科学院请来的，与方先生是浙大校友，与方先生在艾美共事多年，您是如何评价方先生的呢？"

"倪主编，谢谢您的问题。"唐德元也年过八旬，但精神状态依旧饱满，他坚定有力地回答道，"方先生具有卓越的领导力和号召力，同时方先生格局大，心胸坦荡。"

"能具体一点吗？"

"可以的，方先生方向感很强，做决断，带领大家做事，基本上不会走弯路。并且，方先生总能透过现象看本质，抓住问题的本质来解决各种问题，比如销售问题、售后问题乃至公司治理问题。他带队做的项目，总能得到公司的肯定。"唐德元补充道，"与其他人不同，方先生往往能跳出设备供应商这个身份看问题，同时考虑到其他参与方的利益，来换取合作。同时，方先生心胸坦荡，能充分包容不同意见的人，并听取合理的建议，随时保护自己的同事，主动承担责任。"

"好的，谢谢唐先生！"倪主编又转向了方渐华。

"方先生，您退休后，一直在继续为中国半导体行业的发展做出自己的贡献。有两件关于您的事在行业里传得比较多：其一，帮助华芯与比利时半导体公司达成1 700万美元的55纳米技术转让合同；其二，当初华芯和阿斯麦存在着合作危机，您从中斡旋调解。这两件事都为国产半导体企业提供了除美、日、韩之外更多合作伙伴的选择。您能讲述一下您是如何做到这么多贡献的吗？"倪主编问道。

"没有，没有，我并没有做太大的贡献。"方先生微笑着说，"企业之间的合作在于利益和损失两方面，问题是当双方都没有真正看清表面和潜在的得与失，就很难做出合理的判断并达成合作协议。我所做的，也只是帮助他们看清自己的得与失而已。"

"方老，您过谦了。好，再次感谢陈老，唐老的分享！"倪主编说道，"也祝方老、唐老身体健康，寿比南山！"

"谢谢倪主编。"

采访结束，两个年龄加起来接近两百岁的老人继续看着窗外浦江的景观，一起回忆过往的岁月。当初，他们便是在对岸外滩的和平饭店真正相识，如今又在此岸的高楼中遥望对岸。红色夕阳下的高楼建筑群令人感觉温暖又不乏活力，与30多年前相比，这里已是大不相同，但似乎又有什么始终未变。对这两个半导体老人来说，他们已经完成了自己的使命，达成了自己的梦想，而现在他们所期盼的，是未来无数的行业人才，都能像他们这代人一样，完成属于自己的飞越。

后记

我在2008年为方先生所在的公司提供咨询服务,项目的总经理是我在俄勒冈州立大学的校友,她一直非常感激方先生对她的培养与提拔,从那时,我就逐渐接触、认识并了解方渐华先生。

在过去的几年中,我加入了半导体协会,而退休后的方先生是该协会的理事长,仍然在为中国的半导体发展做着贡献。基于对方先生的敬慕和佩服,我逐渐产生了给方先生写一本传记的想法。

年后,和方先生反复沟通后,方先生终于同意此事。方先生要求不要着重描述他个人在行业发展过程中的作用和贡献,而是更多地去描述企业,描述同事们在发展过程中所遇到的困难以及他们如何解决这些困难的。同时,传记必须真实可读。所以,我虽然采用时间为主轴,但没有详细地记叙每个事件,而是从整个历程中挑选出比较重大和有意义的事件来展开。

由于行业的发展正处于一个相对敏感时期,书中的企业和个人均采用化名。如果读者经历过书中的故事,是可以找到对应的人和事的。

在撰写过程中,朋友们给予了巨大的帮助和鼓励,在此对陈荣玲、莫大康、林霁、马欣华、周子静、方艺、强震宇和蒋熠颖等人表示感谢。也感谢上海大学出版各位编辑的审读、修改和建议。

以方先生为代表的中国第一代半导体产业人已经将火炬传给下一代。我们举着前辈的火炬,为了民族富强、产业振兴,奋勇前进。

张　岚

2023年秋　于上海